DEKRA
M.SCHUMACHER
Marlboro
Shell
GOODYEAR
OMP
M. Schumacher
Asprey

RED MAGIC

Michael Schumacher und Ferrari
Hart am Limit

ZEITGEIST VERLAG

KURZBIOGRAPHIE

Geburtstag	3. Januar 1969
Geburtsort	Hürth-Hermühlheim bei Köln
Eltern	Vater Rolf, Mutter Elisabeth
Geschwister	Ralf, geb. 30. Juni 1975
Wohnort	Vufflens/Schweiz
Größe	174 cm
Gewicht	68 Kilogramm
Familienstand	verheiratet mit Corinna Tochter Gina Maria (geb.20.2.1997)
Erlernter Beruf	Kfz-Mechaniker
Hobbies	Kartfahren, Motorradfahren, Yachting
Freizeitsport	Radfahren, Joggen, Fußball, Ski
Musik	Rock, Tanzmusik
Lieblingssänger	Michael Jackson, Phil Collins, Marianne Rosenberg
Lieblingsküche	italienisch
Liebstes Getränk	Apfelsaft mit Mineralwasser

Karriere

1983 Kart, Erste Rennen
1984 Kart Junioren, Deutscher Meister
1985 Kart Junioren, Deutscher Meister, WM 2. Platz
1986 Kart, 3. Pl. Deutsche Meisterschaft
1987 Kart, Deutscher Meister, Europameister
1988 Formel König, Deutscher Meister
Formel Ford 1600 DM, 6. Platz
Formel Ford 1600 EM, 2. Platz
1989 Formel 3, DM 3. Platz
1990 Formel 3, Deutscher Meister
Gruppe C: WM 5. Platz, Markenweltmeister
1991 Gruppe C: WM 9. Platz
Formel 1 Jordan-Ford, Benetton-Ford, 4 P., 12. Pl.
1992 Formel 1 Benetton-Ford, 53 Punkte, 1 Sieg, 3. Pl.
1993 Formel 1 Benetton-Ford, 52 Punkte, 1 Sieg, 4. Pl.
1994 Formel 1 Benetton-Ford, 92 P., 8 Siege, Weltmeister
1995 Formel 1 Benetton-Renault, 102 P., 9 Siege, Weltmeister
1996 Formel 1, Ferrari, 59 P., 3 Siege, 3. Pl.
1997 Formel 1, Ferrari, 78 P., 5 Siege, 2 Pl.

FORMEL-1-BILANZ

GP-Starts	102
Pole-positions	17
Siege	27
WM-Punkte	440

Stand vor der Saison 1998

AUTOGRAMM-ADRESSE

1. Offizieller Michael-Schumacher-Fanclub
Kösliner Straße 16
52477 Alsdorf

MICHAEL SCHUMACHER

Mit Manager Willi Weber, Imola 1997.

MICHAEL SCHUMACHER UND FERRARI

FERRARI-CHRONIK

Großer Preis von Belgien 1966: Jack Brabham im Sandwich der Ferrari-Piloten Lorenzo Bandini (7) und John Surtees (6).

SCHADE

Formel-1-Piloten fahren immer am Limit. Niemand ist im Grenzbereich so stark wie Michael Schumacher. Er brachte den Rennstall Ferrari in zwei Jahren wieder auf die Siegerstraße. Ein Mythos kehrt zurück.

Natürlich ist es schade, daß Michael Schumacher seinen dritten Weltmeistertitel so knapp verfehlt hat. Und besonders traurig sind die Umstände, die den Titelkampf entschieden haben – der Rempler gegen Villeneuves Auto, der viel zu späte Erklärungsversuch.

Dennoch: Der Deutsche gilt als bester Rennfahrer der Welt, da sind sich alle Experten einig. Er hat zusammen mit dem Team von Ferrari 1997 Triumphe gefeiert, die im Jahr zuvor noch undenkbar schienen.

Die Formel 1 geht weiter. Millionen freuen sich auf neue spannende Kämpfe. Millionen sind fasziniert, wie Michael Schumacher fährt. An den Grand-Prix-Pisten werden wieder die Fahnen von Ferrari geschwenkt, in Maranello die Glocken läuten, wenn ein Ferrari vorne ist.

Denn kein Rennstall hat eine solche Faszination wie die Scuderia Ferrari. Michael Schumacher und Ferrari, das ist Magic. Red Magic.

Das Ende eines Traums von der Weltmeisterschaft 1997. Entgeistert schaut der Doppelweltmeister auf die Rennstrecke von Jerez, auf der Jacques Villeneuve seine Runden zieht. Michael Schumacher ist ausgefallen, durch eigene Schuld.

Foto: Oliver Reck

© 1997 by
ZEITGEIST VERLAG
Düsseldorfer Straße 60
40545 Düsseldorf
Tel. 0211-556255
Fax 0211-575167

Im Vertrieb des
Motor buch Verlag
Motorbuch Verlag
Postfach 103743
70032 Stuttgart

Redaktionsschluß
Saisonende 1997

Herausgegeben von
WILLY KNUPP
im Auftrag von RTL Television

Autoren
Christoph Schulte
Hartmut Lehbrink
Hubert Bücken

Fotonachweis Seite 160

Projektleitung
Hubert Bücken

Gestaltung, Produktion
E & R, Düsseldorf

Lithos
publishing partner, Bochum

Druck
Westermann, Braunschweig

Wir danken der Zeitschrift
AUTO BILD für die Unterstützung.

Printed in Germany
ISBN 3-613-30377-9

Luca Comte di Montezemolo
Präsident Scuderia Ferrari

Liebe Leserin, lieber Leser,

es wird häufig der Wunsch an mich herangetragen, Veröffentlichungen über Ferrari mit einer Widmung zu versehen. Aufgrund der großen Anzahl dieser Anfragen ist mir das aber nicht möglich. Gerne tue ich es jedoch in einem Buch der RTL Buchedition.

Die Gründe dafür sind vielfältiger Natur. Zunächst einmal mein gutes Verhältnis und meine Sympathie für einen Sender, der mit seinen kompetenten und qualifizierten Berichten in einem Land publiziert, das für Ferrari immer schon von großer Bedeutung war. In Deutschland, einem Land, in dem die automobile Ingenieurskunst seit jeher erfolgreich betrieben wird, ist es ein besonderer Ansporn für uns, daß unsere GT-Fahrzeuge, neben Amerika, den größten Absatz finden.

Hinzu kommt die Leidenschaft der treuen Ferrari-Fans, die in Hockenheim und auf dem Nürburgring zu Tausenden die Ferrari-Flaggen schwingen. Eine wahrlich einmalige Atmosphäre, sowohl für die Piloten der Scuderia Ferrari als auch für das gesamte Teilnehmerfeld – angefangen vom unvergeßlichen Wolfgang von Trips, der uns in Monza an dem Tage verlassen hat, an dem er den Weltmeistertitel hätte erringen können, bis hin zu unserem Michael Schumacher.

RTL steht, genau wie Ferrari, im Mittelpunkt einer Sportkarriere mit großen Erfolgen, aber auch bitteren Niederlagen. Und es gab Zeiten, in denen der Erfolg allein nicht ausreichte, um auf das Siegerpodium zu steigen.

In den vergangenen 50 Jahren galt unser Hauptaugenmerk der Leidenschaft, Rennsport zu betreiben. Heute wird unsere Motivation dadurch gestärkt, daß wir erneut an der Spitze stehen. Dieses Bewußtsein verleiht uns die Stärke, entschlossen in die Zukunft zu schauen.

Marlboro
Red Power

Keine Crew war 1997 schneller als die Männer von Ferrari. Todt und Schumacher ließen den Boxenservice bis zur Erschöpfung üben. Das Team war hochmotiviert: Seit 1990 schien die Weltmeisterschaft nicht mehr so greifbar. Im ständigen Wechsel führten Villeneuve und Schumacher die Tabelle an.

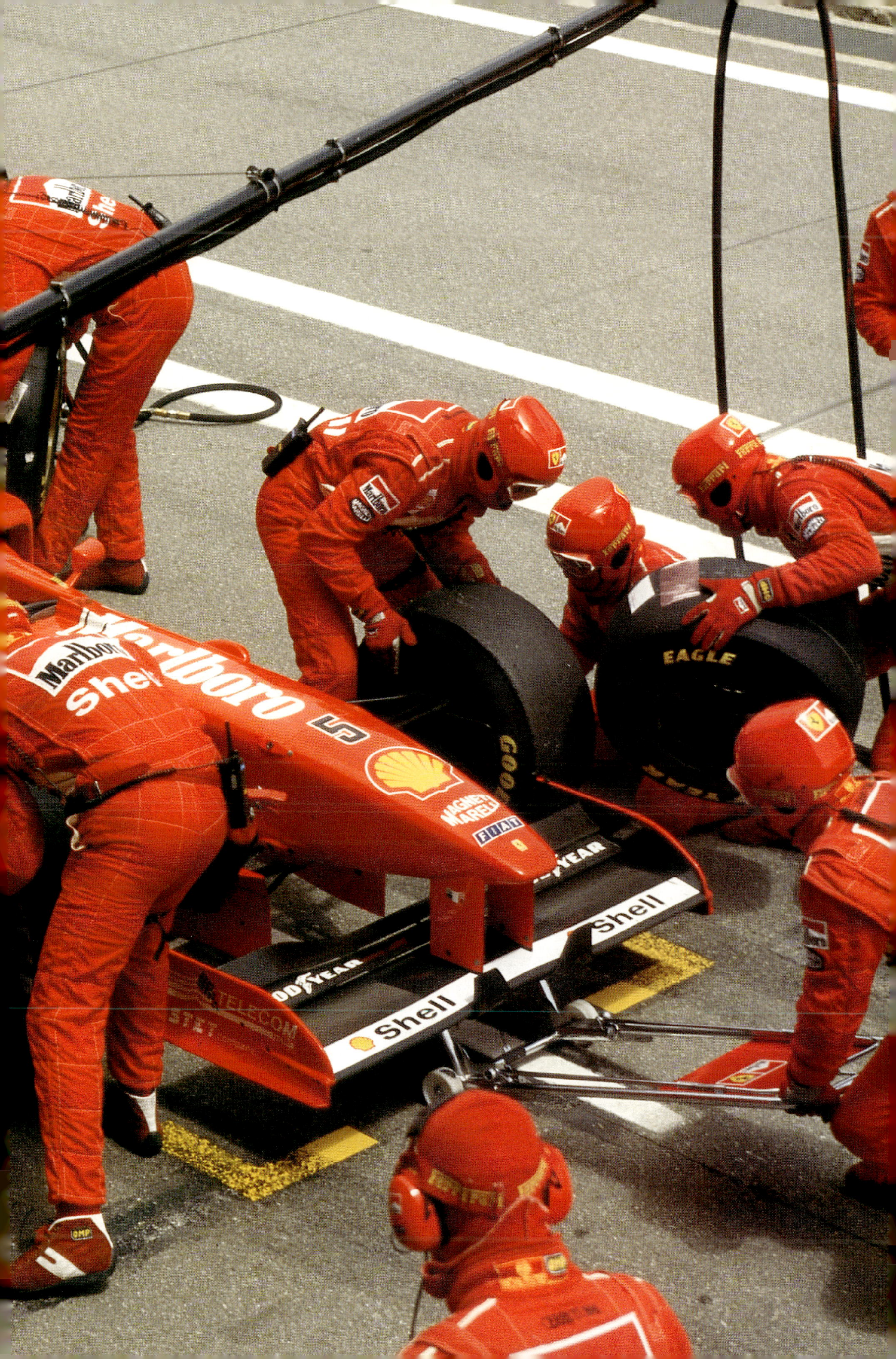

Marlboro
Shell
5
MAGNETI MARELLI
FIAT
EAGLE
Shell
Shell
TELECOM

DER RIVALE

1996 kam Jacques, Sohn des verunglückten Ferrari-Piloten Gilles Villeneuve, in die Formel 1. Er hatte gerade die IndyCar-Serie gewonnen und Formel-1-Zampano Bernie Ecclestone wollte durch Jacques in den USA mehr Zuspruch für seine Serie gewinnen.

Gleich im ersten Jahr kämpfte Jacques Villeneuve um den Titel mit. Er verlor ihn an seinen Williams-Teamgefährten Damon Hill. Schumachers Ferrari hatte 1996 noch keine Chance.

Das änderte sich 1997. Obwohl alle Experten mit einem leichten Durchmarsch des Kanadiers zur Weltmeisterschaft gerechnet hatten, kam es zu einem harten Kopf-an-Kopf-Duell über die gesamte Saison. Merkwürdigerweise standen beide nie gemeinsam auf dem Treppchen, es gab auch kaum Zweikämpfe wie beim letzten Lauf im spanischen Jerez. An diesem Tag vergab Schumacher, der mit einem Punkt führte, die Weltmeisterschaft durch einen selbstverschuldeten Crash.

Jacques Villeneuve, der Champion 1997, ist eine Ausnahmegestalt in der Formel 1. Als einziger Top-Pilot ist er nicht in der Fahrergewerkschaft, er legte sich mit der FIA an, weil er deren Sicherheitsbestrebungen kritisierte, und er schert sich den Teufel um Äußerlichkeiten. Er genießt es, im Schlabberlook auf Empfängen zu erscheinen, Sponsoren mußten wegen seiner blondgefärbten Haare Plakate einstampfen.

1998 wird er wiederum Michaels härtester Rivale sein.

Geboren am 9. April 1971
in St. Jean-sur-Richelieu,
Quebec/Kanada
Wohnsitz: Monte Carlo
171 cm, 66,5 kg
Familienstand (1997): ledig,
Freundin Sandrine
Hobbies: Musik, Lesen, Filme,
Inlineskating, Computer
Einkommen (97): 7 Mio. US-$

Formel 1 Williams-Renault
1996: 78 P., 4 Siege (Vize-WM)
(Teamkollege Damon Hill, 97 P.,
8 Siege, Champ)
1997: 81 P., 7 Siege (Champ)
(Teamkollege Heinz-Harald
Frentzen, 42 P., WM-Dritter)

Vor dem Großen Preis von Japan 1997 reichten sie sich die Hände. Es war eine Geste des gegenseitig-

pekts. Jacques Villeneuve und Michael Schumacher kämpften mit unterschiedlichen Waffen: Das bessere Auto gegen den besseren Fahrer.

Shell
GOODYEAR
MAGNETI MARELLI
Marlboro
FIAT
Asprey
SKF
PIONEER

Fast ein Weltmeisterauto: Der Ferrari F 310B beim Großen Preis von Japan 1997: 4,36 m lang, 1,99 m breit, 95 cm hoch, mit Fahrer 605 Kilo schwer, 750 PS stark (Motordaten Seite 15). Der Verbrauch liegt auf 100 km bei ca. 70 Litern.

MOSAIKSTEINE DES ERFOLGS

Nach den Wünschen Michael Schumachers wurde das Lenkrad entwickelt. Der Pilot kann alle wichtigen Funktionen mit den Händen auslösen. Ferrari gibt allerdings nicht alle Details bekannt. Manche Knöpfe sind der Konkurrenz rätselhaft. Umgekehrt allerdings auch.

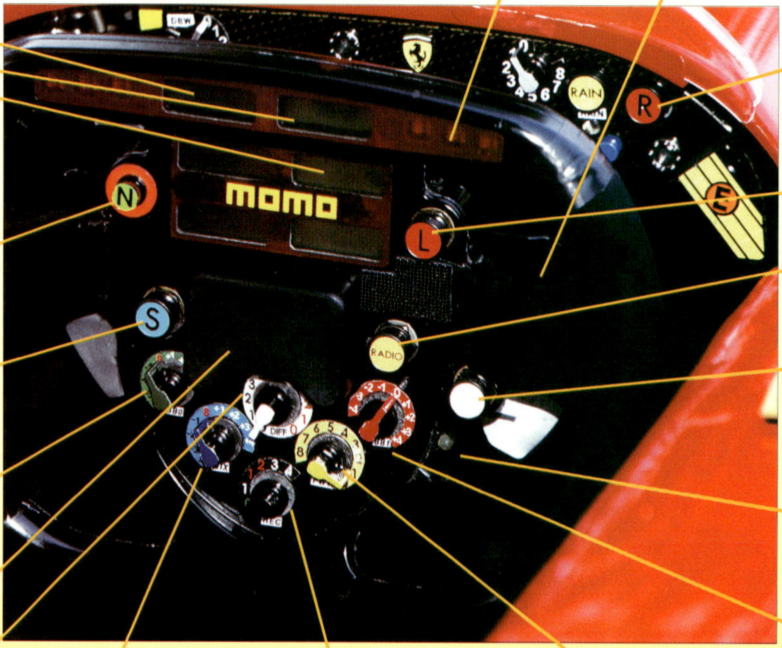

Ross Brawn, Technischer Direktor
Der stille Brite entwarf Michaels Weltmeisterautos bei Benetton. Als sich der 96er Ferrari von „Stardesigner" John Barnard als faules Ei entpuppte, drängte Michael darauf, Brawn von Benetton nach Maranello abzuwerben. Einige Monate später holte er auch Brawns engsten Mitarbeiter, den Konstrukteur Rory Byrne. Das Entwicklungszentrum wurde von England nach Maranello verlegt.

Heiner Buchinger, Pressechef
Seit seinem ersten Weltmeistertitel 1994 hat Michael einen Mann, über den die gesamte Pressearbeit läuft. Buchinger war Chefredakteur einer Autozeitschrift. Heute versucht er, rund 300 Interviewanfragen pro Woche zu koordinieren.

Niki Lauda, Berater
Zwei Weltmeistertitel ha
Österreicher 1975 und 7
die Scuderia gewor
1992 ließ er sich von Fe
Präsident Luca di Mon
molo als Berater verpflic

Der Motor – Entwicklungsstufe 046/2 – ist 1997 nach etlichen Anlaufschwierigkeiten zuverlässig geworden. Vor allem haben ihm die Ingenieure die lästigen Vibrationen abgewöhnt, die beim Vorjahresauto ständig Schäden auslösten. Wie alle anderen F1-Motoren der Topteams hat das Aggregat drei Liter Hubraum, verteilt auf 10 Zylinder mit je 4 Ventilen. Der Zylinderwinkel wird mit 75 Grad angegeben, die Leistung mit ca. 750 PS bei ca. 17.000 U/min. Ein einziger Motor kostet 650.000 Mark - für die gesamte Saison rechnet man mit 100 Triebwerken. Im Verlauf der Saison setzte Ferrari, wie andere Teams auch, eine neuentwickelte Computersoftware ein, die dafür sorgt, daß die Räder auch beim heftigen Gasgeben nicht durchdrehen – eine neue Form der Traktionskontrolle.

Gekuppelt wird durch Knopfdruck am Lenker. Wie beim Kart bedient der rechte Fuß das Gaspedal, der linke steht an der Bremse. Den synchronisierten Wechsel Gas/Bremse beherrscht Michael seit seiner Kindheit perfekter als jeder andere Formel-1-Fahrer. Umstritten, aber von der FIA genehmigt, ist die „Fly-by-wire"-Technik des Gaspedals: Die Fußbewegung wird elektrisch übertragen.

‹ heute bei allen wichtigen -Entscheidungen mit am Bei seinen sachkundigen nentaren an den Rennenenden bemüht er sich -Studio trotz seines Ferrari-gements um Neutralität.

Balbir Singh, Physiotherapeut
Der Inder lebt seit vielen Jahren in Neuwied bei Bonn. Er ist seit 1995 für die Fitneß des Weltmeisters zuständig: Balbir massiert ihn, stellt den Ernährungsplan auf, überwacht seine Arbeit an den Kraftmaschinen. Der stets gutgelaunte und ausgeglichene Masseur ist an den Rennwochenenden abends der letzte und morgens der erste, mit dem Michael außerhalb seines Hotelzimmers spricht.

Fast 400 Leute arbeiten daran, daß Michael eines Tages Weltmeister auf Ferrari wird. Jeder Sieg ist auch ihr Sieg. Sie sind durch Prämien beteiligt (Team), kassieren zwanzig Prozent von allen Einnahmen (Manager) oder riskieren beim Ausbleiben von Siegen ihren Millionenjob (Präsident).
Wir können nicht alle aufführen. Aber bitte beachten Sie auch diese Kapitel:

Willi Weber, Manager
Seite 30

Luca di Montezemolo, Ferrari-Präsident
Seite 103

Jean Todt, Rennleiter
Seite 103

DER PRIVATE WELTMEISTER

Fünfzehn Zimmer, Schwimmbad, riesiges Grundstück: Das Paradies von Corinna und Michael am Genfer See.

Er hat nicht von einem Leben als Multimillionär geträumt. Sein Lebensplan: Irgendwann Papas Kartbahn übernehmen, sie ausbauen, ein paar Nebengeschäfte ankurbeln. Heute hat der Multimillionär drei Probleme: Wie finde ich Ruhe vor den Paparazzi? Wie komme ich irgendwann los von der Faszination Formel 1? Und was mache ich mit der vielen Marmelade von Zentis?

Pressekonferenz mit Michael Schumacher, Donnerstag der 4. September 1997 in Monza – drei Tage vor dem Großen Preis von Italien. Aber auch: Zwei Tage vor der ergreifendsten Trauerzeremonie dieses Jahrzehntes. Diana, Prinzessin von Wales, bis hin zu ihrem tragischen Tod Objekt und Opfer der Öffentlichkeit, wird zu Grabe getragen.

Nur zu verständlich, daß die fragenden Journalisten Michaels Meinung zu dieser Tragödie hören wollen. Und Michael kommt direkt zum Punkt: „Ich führe ein angenehmes Leben, aber es gibt immer wieder Momente, wo dich gewisse Menschen unheimlich stören. Und dazu zähle ich halt auch die Paparazzi."

Stichwort Paparazzi. Corinna, sonst stets freundlich, lustig, wird sauer: „Wo immer Michael und ich sind, was immer wir machen, stets müssen wir das Gefühl haben, beobachtet zu werden. Sicherlich, man kann den Standpunkt vertreten, daß das der Preis ist, den wir zu zahlen haben. Doch auf der anderen Seite gilt auch: Michael ist hundertprozentig bereit, seinen Job zu machen. Da muß er doch auch ein Recht auf ein Privatleben haben."

Corinna weiter: „Wir sind froh, daß wir unsere vier Hunde haben. Und das Grundstück in der Schweiz bepflanzen wir jetzt rundum mit Zypressen als Sichtschutz."

Dann schon wieder lachend: „Letztens habe ich einen Paparazzi im Busch entdeckt und ihm zugewinkt. Er winkt zurück, kommt aus dem Busch – und mit ihm elf andere. Es ist nicht zu glauben."

So stark ist die Aversion gegen jede Form von unerwünschter Öffentlichkeit, daß Michael selbst sein Winterferienhaus in Norwegen vor allem nach dem Rückzugswert beurteilt: „Bis zu 30 Grad Minus im Winter. Bei dieser Kälte traut sich kein Paparazzi nach draußen."

Privatleben in der Wildnis

Auf der nach oben offenen Abschottungsskala belegt das zweigeschossige Holzhaus in dem 3.000-Seelen-Kaff Trysil, 250 Kilometer nordöstlich von Oslo, einen Spitzenwert. Das Haus, nach Michaels Vorstellungen erbaut und von Corinna liebevoll eingerichtet, hat 600 Quadratmeter Wohnfläche. Die rund zwei Millionen Mark Baukosten hat Michael gerne investiert: „Reines Privatleben ist nur noch möglich, wenn ich in die Wildnis fahre oder mich in den eigenen vier Wänden aufhalte."

Nicht ganz ungetrübt ist das Glück der jungen Familie im abgeschiedenen Trysil: Mosley und Ecclestone bleiben in der Schweiz und werden natürlich vermißt. Besonders Michael genießt es, wenn die beiden zu seinen Füßen liegen und wohlig schnurren. Ach so, es muß an dieser Stelle gesagt werden, daß es seine beiden Katzen sind, die der Formel-1-Star nach den Spitzenfunktionären Mosley und Ecclestone benannt hat...

Wohnen in freier Natur ist ungeheuer wichtig für den Naturmenschen Michael Schumacher. So wichtig, daß er sogar bereit war, aus dem steuerfreien Monaco in die zwar immer noch steuermilde, aber doch schon um einiges teurere Schweiz zu ziehen.

„In Monaco wurde es immer schwieriger, mich frei zu bewegen. Ich hatte das Gefühl, daß ich mehr Freiheit brauche. Ich wollte ein Haus haben mit einem großen Grundstück für die Hunde."

Genau das hat der Star 1996 in Vufflens, zehn Kilometer entfernt vom Genfer See gefunden. Eine 15-Zimmer-Villa mit Indoor-Pool, weitläufigem Garten und einem kleinen Bach. Hier können sich Mutter Corinna, Töchterchen Gina Maria und Vater Michael wohlfühlen, und die vier Hunde – die beiden belgischen Schäfer-

Wenig Zeit für besinnliche Minu

Air Schumi: Der Weltmeister ben

hael steht fast immer unter Termindruck, ständig unter Beobachtung. „Aber", sagt er, „ein Leben ohne Formel 1 ist für mich undenkbar."

e Reisen die eigene Challenger 5.

Im Pulk läßt sich Schumacher von seinem Bodyguard Ulli die ärgsten Drängler vom Leibe halten.

Keiner trainiert konsequenter: Täglich mehrere Stunden im eigenen Fitneßstudio gehören zum eisernen Programm des Rennfahrers.

Rollendes Fitneß-Center: Ferrari ließ für seine Piloten modernste Kraftgeräte in einen Truck einbauen, der stets mit ins Fahrerlager kommt.

hunde Bonnie und Tracy, Westhighland-Terrier Jenny und der brasilianische Straßenmischling Floh – haben hier jede Menge Auslauf, um Paparazzi zu jagen.

Kartoffeln, Spinat, ein Ei

Geradezu rührend, wie Michael immer wieder versucht, sich ein kleines Stückchen Normalität zu sichern. Beim Besuch der Eltern zu Hause zum Beispiel, wenn „Kartoffeln, Spinat, vielleicht noch ein Ei oder eine Bratwurst dazu" ganz oben auf der kulinarischen Wunschliste stehen. Oder beim Besuch der Schwiegereltern in der Nähe von Wipperfürth, wo die kleine Gina Maria auch mal „zwischengelagert" wird, damit Corinna ab und an Michael zu den Rennstrecken begleiten kann.

Natürlich ist Michael in seinem Schweizer Domizil ein Star. Als der im Nachbarort kickende Drittligist FC Aubonne Manager Weber um eine Trikotspende anhaute, kam der Superstar gleich selber. Er freute sich über das gemeinsame Training und litt beim Spiel unter der 1:6 Niederlage gegen den FC Genolier.

Geradezu trotzig betont er seine Normalität: „Auch wenn ich ganz anders lebe, glaube ich nicht, daß ich so viel anders bin als meine Fans." Zum Beispiel dann, wenn der Spitzensportler zum Sportkonsumenten wird: „Wenn ein Boris Becker Tennis spielt oder ein Michael Stich oder die Nationalmannschaft um die EM-Qualifikation kämpft, dann sitze ich auch am Fernseher und schaue zu. Wie jeder andere."

In der österreichischen „Auto-Revue" ist ein aufschlußreiches Interview mit Michael Schumacher erschienen. Zwei Passagen sind von erhellender Klarheit für den, der ihn kennt. Wer Michael Schumacher nicht kennt, wird es nicht glauben.

Da wird gefragt, wie das Leben von Michael Schumacher aussehen würde, wäre der Rennfahrer Schumacher nie entdeckt worden. Michaels Antwort: „Ich hätte den Kartbetrieb in Kerpen übernommen, hätte ihn zusammen mit meinem Vater weitergeführt."

Auf die Frage, was man da so verdienen könnte, nennt Michael seinen heutigen Verdienst innerhalb von sechs Stunden: „So um die 50.000 Mark im Jahr, was ja auch nicht so schlecht ist, wenn man dann noch umsonst Kartfahren kann. Man kann ja auch nebenher noch irgendwo Geld verdienen. Also, wir wären schon über die Runden gekommen und hätten jede Menge Spaß gehabt."

Das ist keine Anbiederei, wie es bei Politikern so häufig gesehen wird. Michael muß nicht gewählt werden. Michael sieht das genau so und nicht anders.

Ebenso ehrlich, wie in der zweiten Passage dieses Interviews. Auf die Frage, ob er denn gerne Rennfahrerbiografien lese, sagt Michael: „Nein, ist mir zu langweilig. Ich bin lesefaul. Eine Biographie, die nicht auf einer Seite zusammengefaßt ist, nein, das muß nicht sein."

Dienstauto: Auch privat fährt Michael eine Karosse aus Maranello.

Die schnittige Yacht legten sich Schumachers in Monaco zu.

Vorlage für RTL-Moderator Heiko Waßer: Fußball ist Hobby Nr. 1.

Michael ist alles andere als intellektuell. Er ist tatsächlich unglaublich normal, bodenständig, unauffällig, bescheiden. Und sparsam: „Wenn ich einkaufen gehe und ich sehe etwas, was man anderswo billiger bekommt, dann schlägt durch, was ich von Kind auf gelernt habe. Nämlich mit Geld vernünftig umzugehen und zu haushalten"

Ganz klar, daß dann die Marmelade da gekauft wird, wo sie am billigsten ist. Und das ist nun einmal in Deutschland und nicht am Genfer See. Monatelang bittet Michael jeden Besucher aus Deutschland: „Bring mir doch bitte ein paar Gläser Zentis mit. Die sind hier so teuer." Ganz klar, daß das der deutsche Marmeladenfabrikant mitkriegt. Und Michael plötzlich einen neuen Sponsor hat, der ihm zwar jetzt den Frühstücksaufstrich palettenweise einfliegen wird, dafür aber wieder ein wenig von der immer knapper werdenden Freizeit abzwackt. Ein Teufelskreis.

Nicht nur im Fall „Zentis" kann man von Michael sparen lernen. Willi Weber über die pfennigfuchsige Lebensführung Michaels: „Ich weiß auch nicht, was er vor hat. Er sorgt halt vor für die Alten-Tage."

Gut paßt in diesen Rahmen ein privater Besuch Michaels beim Sultan von Brunei. Mit der Erlaubnis des Sultans bediente sich Michael des exklusiven Fuhrparks und fuhr nach Herzenslust mit Autos durch die Gegend, von denen selbst ein Doppelweltmeister noch träumt. Mit ernüchterndem Ergebnis: „Der Besuch beim Sultan hat mir viel Geld gespart. Es gibt so viele Dinge, die man unbedingt haben will. Und wenn man sie dann mal ausprobiert hat, merkt man ganz schnell, daß das doch alles nicht so toll ist."

Toll ist für Michael etwas ganz anderes: „Kürzlich ging ich mit unseren Hunden zu Hause Gassi. Dabei begegnete mir eine Frau, die auch spazieren ging. Es regnete, und wir sprachen über das Wetter, Gott und die Welt." Hinterher sagte sie: „Schön, Sie kennengelernt zu haben. Wie heißen Sie eigentlich?` So stelle ich mir den Normalfall vor."

Unerkannt in New York

Oder so normal wie in New York. Wo der Star unerkannt in einer Bar sitzt und „einfach nur die Leute beobachtet", ohne erkannt zu werden. So paradox es klingt: Ausgerechnet dieses schrille New York verschafft Schumacher die so ersehnte Normalität. Kaum ein Amerikaner interessiert sich für die Formel 1, deshalb bleibt Michael hier anonym. Er genießt es, abends unerkannt ins Musical zu gehen und händchenhaltend mit Corinna „Victor und Victoria" zu sehen.

Für eine Geschichte mit dem Fachblatt „AutoBild" fuhr Michael noch einmal das Auto, das er sich von seinem ersten Lehrlingsgehalt gekauft hat: einen Fiat 500. Michael bekam glänzende Augen, als er sich in das Gefährt aus Jugendtagen setzte. Der Spaß und die Freude von damals wurden wieder gegenwärtig.

„Das wird die schwerste Aufgabe für Corinna und mich: Unseren Kindern den Wert, den wahren Wert der Dinge zu vermitteln. Daß sie nicht den Sinn für die Realitäten verlieren, nicht versaut werden."

Michael redet schon heute von Kindern nur in der Mehrzahl: „Wenn es nach mir geht, möchte ich mal vier." Wenn Michael beschreibt, was er auf der Rennstrecke bei einem besonders gelungenem Überholmanöver fühlt, tun sich die Abgründe einer Rennfahrerseele auf: „Das tiefe Gefühl der Befriedigung nach so einem Manöver findet irgendwo im Bauch statt. Diese Art Adrenalinausstoß, dieses tiefe Durchatmen, wie soll man das bloß in Worte fassen? Es ist einfach das Geilste, was dir passieren kann. Durch was soll dieses Gefühl ersetzt werden? Es wird da wahrscheinlich nichts geben. Kann es ja gar nicht."

Und dann kämpft der Rennfahrer Schumacher mit dem Privatmenschen Michael: „Es sei denn, meine Kinder helfen mir, den Absprung zu finden."

Vorher aber will er sein Versprechen wahr machen, das ehrgeizige Ziel seiner Rennfahrerkarriere: Ferrari zum ersten WM-Titel seit 1979 zu verhelfen. Dafür kämpft Michael mit seinem Team hart am Limit. Und einmal, zum Saisonende 1997 in Jerez, auch ein klein wenig darüber…

Michaels Eltern Rolf und Elisabeth trennten sich Ende 97, führen aber gemeinsam Michaels Kartanlage.

Gina Maria kam am 20. Februar 1997 in Wipperfürth zur Welt. Stolz ließen sich Michael und Corinna mit der Kleinen fotografieren.

Wächter und Schmusetiere: Vier Hunde schützen das Anwesen in der Schweiz und streiten sich mit den Katzen Mosley und Ecclestone.

Kuschelecke in der Boxengasse: Corinna ist Michaels engste Beraterin, die erste Gratulantin und, wenn es sein muß, eine sensible Trostspenderin. Seit der Geburt von Gina Maria kommt sie nur noch zu den wichtigsten Rennen mit.

CORINNA

Die schöne Blonde an seiner Seite. Michael kennt sie seit seiner Formel-3-Zeit 1989, zwei Jahre später werden sie ein Paar. Corinna hat damals Beziehungskummer, Michael ist Tröster in schwerer Zeit, und irgendwann der neue Lebenspartner.

Man sagt Rennfahrern nach, daß sie den zahlreichen Versuchungen am Rande der Piste nicht abhold sind. Für Michael sind solche Wechselspiele jenseits aller Vorstellungskraft. Einmal Corinna, immer Corinna. Das Mädchen hat seine Entscheidungen mitgetragen, ihm Mut gemacht, seine Erfolge mit ihm gefeiert, ihn bei Rückschlägen getröstet.

Corinna kommt aus Halver im Sauerland. Die Eltern haben einen Fliesenhandel, und dort bekam sie auch eine kaufmännische Ausbildung. „Aber", sagt sie stolz, „ich kann sogar ganz gut Fliesenlegen."

Was sie aber nie gebraucht hat. Weder in Michaels früher Wohnung in Kerpen, noch im Luxusappartement in Monaco, das beide 1994 der Steuer wegen beziehen.

Sie sind ein gutes Jahr verlobt, dann kündigen sie im Sommer 1995 kurzfristig ihre Hochzeit an. „Einzeln sind wir Worte, gemeinsam ein Gedicht", steht auf der Einladungskarte für 78 handverlesene Gäste.

Am 5. August 1995 werden sie in der Kapelle auf dem Petersberg bei Bonn getraut. Michael sagt: „Ich wollte eigentlich eine stille Hochzeit. Aber Corinna träumte von einer Märchenhochzeit mit langem Schleier, mit Brautkindern und einem schönen Fest mit guten Freunden."

Um dem Medienrummel zu entgehen, lassen sie nur den Fotografen einer einzigen Illustrierten in die Kirche. Das Honorar, 250.000 Mark, geht an die UNESCO-Aktion „Kinder in Not". Als Michael die Hochzeitsgesellschaft übermütig in den Hotelpool schubst, ist der Fotograf längst abgezogen.

Ein knappes Jahr später, am Vortag des Grand Prix von Italien, kann Michael etwas verkünden, was die Italiener als familienorientierte Nation fast ebenso beglückt, wie ein Ferrari-Sieg: „Ich werde Papa." Gina Maria kommt am 20. Februar 1997 im bergischen Wipperfürth zur Welt, rechtzeitig vor dem Start der neuen Saison. Michael ist bei der Geburt dabei.

Seither sieht man Corinna nicht mehr bei allen Rennen an der Seite des Ferrari-Piloten. Das Baby ist die neue Nummer eins, die aktuellen Krabbelzeiten werden von Michael aus der Ferne telefonisch abgefragt.

Im Laufe der gemeinsamen Jahre hat Corinna viel Einblick in die Formel-1-Szenerie nehmen können. „Sie ist heute meine wichtigste Ratgeberin", sagt Michael. „Corinna trifft Entscheidungen aus dem Bauch heraus, und sie steht bei allem was ich tue, hundertprozentig hinter mir." Die sichere Basis in der Familie hat ihn gelassener werden lassen, die Werte haben sich verschoben. Ein Ausfall im Rennen läßt nicht mehr die Welt zusammenbrechen und ein weiteres Baby wäre ein größerer Glücksfall, als ein weiterer Weltmeistertitel.

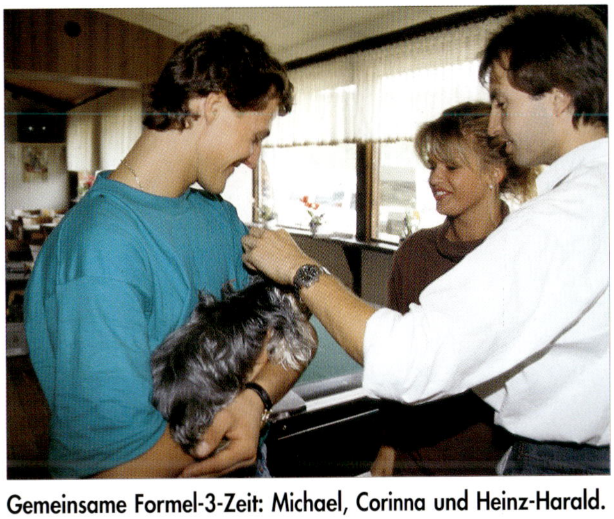

Gemeinsame Formel-3-Zeit: Michael, Corinna und Heinz-Harald.

Gute Stimmung trotz trauriger Lage: In Schumachers Karthalle verfolgten die Fans das WM-Finale 97. Deutschlands größter Schumi-Fans

DAS SCHUMACHER-IMPERIUM

rde zum RTL-Studio umgerüstet.

Noch nie hat ein Rennfahrer soviel Geld verdient, wie Michael Schumacher. Auf 200 Millionen Mark wird sein Vermögen geschätzt. Drei Büros arbeiten an der wundersamen Geldvermehrung. Aber dennoch behält sich der Rennfahrer die letzte Entscheidung immer vor.

Lehnen Sie sich zurück und lesen Sie in Ruhe dieses Kapitel. Bei einem durchschnittlichen Lesetempo werden Sie rund neun Minuten brauchen - in dieser Zeit wird Michael Schumacher um 1.540 Mark reicher. Für den Fall, daß Sie mittendrin einschlafen sollten, spräche das zwar nicht für das Kapitel, aber Michael Schumacher würde das kalt lassen. Er verdient seine 171 Mark pro Minute auch im Schlaf.

Ganz ohne Zweifel, der Kerl, der bei dem Mythos-Unternehmen Ferrari unterschrieben hat, ist selbst auf dem besten Weg, zur Rennfahrer-Ikone der Neuzeit zu reifen: Formel-1-Megastar Michael Schumacher hat es wirklich geschafft. Auch wenn der Grand-Prix-Zirkus schwindelerregende Zahlen gewohnt ist: die finanziellen Erfolge, die der Doppelweltmeister einfährt, sprengen selbst den Rahmen der Königsklasse des Motorsports.

Der Deal des Schumacher-Managements, Ende 1995 bei Ferrari für 25 Millionen Dollar zu unterschreiben, ist sensationell. Es ist mehr, als selbst ein Ayrton Senna jemals verdient hat. Daß dieses Rekordgehalt ein knappes Dreivierteljahr später auf 35 Millionen Dollar Jahresgage angehoben wird, sprengt alle Dimensionen. Ebenso der Umstand, daß dieses Salär durch weitere 15 Millionen Dollar aus persönlichen Geschäften abgerundet wird. Macht runde 50 Millionen Dollar Jahreseinkommen vor Steuer.

Nicht schlecht für jemanden, der noch vor sieben Jahren in einem Baggerloch in Kerpen wohnte.

Perfektes Profitcenter

Wer als Kind rechnen gelernt hat, und dabei von selbstkritischem Naturell ist, bleibt dabei, auch wenn er es dann nicht mehr nötig hat. Ganz im Gegenteil, dann macht Rechnen erst richtig Spaß. Aus dem Rennfahrer Schumacher ist längst ein perfekt organisiertes Profitcenter geworden.

Von drei Orten aus wird die Firma Schumacher gesteuert. In Monaco und London kümmert sich die Managementgruppe IMG um Rechtsfragen, Versicherungen und private Buchführung. Der große Rest wird in Stuttgart erledigt. Dort hat Schumachers Manager Willi Weber in seiner „Weber Management GmbH" ein 25-Mitarbeiter-Team auf die Beine gestellt.

Wichtigstes Feld und größte Spezialität des umtriebigen Managers: das Merchandising-Geschäft. Das heißt: Firmen wird erlaubt, mit dem Namen „Michael Schumacher" für ihre Artikel zu werden. Auf zahlreichen Reisen durch die USA hat Weber schon früh erkannt, welch enorme Gewinne in dem Geschäft mit den Namens-Lizenzen stecken.

Umfassend hat Weber in den vergangenen Jahren über 35 Lizenznehmer um Schumacher geschart, die rund 300 Artikel mit dem geschützten Logo der Michael-Schumacher-Collection anbieten. Der Umsatz liegt bei mindestens 90 Millionen Mark. Wovon wieder rund acht Millionen Mark an das Unternehmen Schumacher wandern. Damit macht Schumacher als Einzelperson im Merchandising

Neun Millionen Mark investierte Michael in die Kerpener Karthalle.

FANSHOP

Mit T-Shirts und Kappen fing es an - mittlerweile tragen über 300 verschiedene Produkte die Unterschrift von Weltmeister Michael Schumacher: Brillen, Modellautos, Kameras, Parfums, etc. Kein deutscher Sportler hat seine Popularität je so vermarktet wie Michael Schumacher.

Der Katalog, der unter dem Titel „Michael Schumacher Magazin" mehrmals im Jahr erscheint, kann zwar noch nicht mit dem Otto-Katalog konkurrieren, ist aber auf dem strammen Marsch dorthin.

Auf 134 Seiten werden die Produkte der Michael-Schumacher-Collection angeboten. Mittlerweile gibt es auch eine etwas peppigere Collection unter Ralfs Namen. Und selbst die Konkurrenz wird nicht verschmäht: Das Heft bietet zahlreiche Fan-Artikel anderer Teams und Fahrer an – von Arrows bis Williams, von Alesi bis Villeneuve.

Das Magazin gibt es für 7,50 Mark am Kiosk.

mehr Geld, als der ganze 1. FC Bayern zusammen...

Willi Weber - der gemäß eines Zehn-Jahres-Vertrages noch bis 1999 20 Prozent aller Schumacher-Einnahmen erhält - ist sich sicher, „daß es weltweit keinen Spitzensportler gibt, der seine Geschäfte so aufgezogen hat."

Des einen Freud, des anderen Leid. Die Sponsoren müssen für den Ferrari-Star tief in die Tasche greifen. Sein 35 Millionen-Dollar-Gehalt teilen sich sieben Firmen einträchtig:

10 Mio. Shell,
8 Mio. Marlboro,
8 Mio. Ferrari,
4 Mio. Asprey,
3 Mio. Pioneer,
1 Mio. Telekom Italia,
1 Mio. Omega.

Zehn Millionen kassiert Schumacher noch einmal von den persönlichen Sponsoren Nike, DEKRA, Omega, DVAG und RTL.

Neun Millionen Mark investierte das Schumacher-Unternehmen in eine Karthalle in seinem Heimatort Kerpen. Mitte 1997 wurde der Komplex eingeweiht, natürlich verbunden mit einem Shop, der Schumacher-Artikel aller Art verkauft.

WM-Kappen 97 waren fertig

Mit der Cleverness von Schumacher und seiner Truppe allein ist die lawinenartige Entwicklung der Schumacher-Geschäfte kaum noch zu erklären. Wurden 1994 weltweit nur insgesamt 80.000 Dekra-Käppis verkauft, so waren es Ende 1996 300.000 dieser knapp 40 Mark teuren Kopfbedeckungen. Manager Weber hatte die Kollektion für die WM 97 schon fix und fertig: 100.000 Käppis mit der Aufschrift: „World Champion 1997." Weber: „Wir lassen einfach umsticken auf 1998."

Im übrigen achtet Manager Weber sorgfältig darauf, daß sich sein Star auf die Rennerei konzentrieren kann: „Michael ist clever, er könnte alles selber machen. Aber er ist auch clever genug, sich das nicht anzutun." Und so organisiert Weber Schumachers Leben: „Wer was von Schumacher will, kommt an mir nicht vorbei."

Richtig ist, daß alles, was Schumacher betrifft, über seinen Schreibtisch geht. Richtig ist aber auch: Was Weber plant, organisiert und anordnet, geht abschließend wieder über Schumachers Schreibtisch. Michael: „Das war von Anfang an Bestandteil des Vertrages, den ich mit Willi Weber habe. Worum es auch immer geht, die letzte Entscheidung liegt bei mir."

Misstrauisch und nachtragend

Denn zwei Merkmale kennzeichnen den Rennfahrer wie den Geschäftsmann. Merkmale, die viele erst erkennen, wenn es bereits zu spät ist: Michael ist mißtrauisch bis zur Schmerzgrenze. Und hat ein Elefantengedächtnis, wenn es um einmal erlittenes Unrecht geht. So kann er heute noch nicht mit seinem ehemaligen Fahrlehrer die Friedenspfeife rauchen, weil er sich von dem „übers Ohr gehauen" fühlte.

Zur Falle wird das natürlich für Sponsoren, die in früheren Zeiten schwere strategische Fehler begingen. Wie zum Beispiel der japanische Hersteller von Helmen, die Michael zu Karrierebeginn trug. Ende 1990 fragte er als frischgebackener Deutscher Formel-3-Meister und Mercedes-Werksfahrer höflich an, ob er nicht mittlerweile bekannt genug sei, um in den Genuß kostenloser Helme zu kommen. Schließlich mache er für den Hersteller auch Werbung. Die Antwort liegt Michael noch heute im Magen: „Die meinten nur, ich könne ja noch einmal ein Jahr später nachfragen." Da war Michael allerdings schon gefeierter Formel-1-Star – und bei einem anderen Helmhersteller unter Vertrag. Dumm gelaufen für den Helmfabrikanten.

Noch schöner die Geschichte mit dem Bananenkonzern Chiquita. Der hatte sich 1989 das Recht gesichert, bis 1996 (!) für jährlich 50.000 Mark einen nicht zu übersehenden Aufnäher auf Michaels Rennoverall nähen zu dürfen. Ende 1991 wechselte die Geschäftsführung der deutschen Bananen-Dependance. Der Sponsor-Vertrag („Was soll der Quatsch?") wurde sofort gekündigt. Michael – der zu diesem Zeitpunkt ja bereits in der Formel 1 war – hat dankend akzeptiert. Schon 1992 wäre der Vertrag das Zehnfache wert gewesen, zum Vertragsende gut und gerne das 100fache. Wie sagt man in Fachkreisen so schön: Alles Banane.

Ganz anders der frühere Arbeitgeber Mercedes. Für den ist es – Renault-Motor hin, Ferrari-Vertrag her – ganz selbstverständlich, guten Kontakt zu halten. Wenn die Schumachers einen Abstecher nach New York unternehmen, wird dem Doppelweltmeister eine

Mercedes-Luxuskarrosse nebst Chauffeur hingestellt.

Kleine Aufmerksamkeiten erhalten die Freundschaft. Und es macht sich wirklich gut, wenn nach Lobster-Salat und Lammrücken im In-Restaurant „Tavern on the green" mitten im Central Park der dunkelblaue 600er leise vorrollt, um Michael nebst Gattin abzuholen. Da schaut dann selbst das verwöhnte New Yorker Publikum ein klein wenig interessiert. Was es erst recht tun würde, wenn es wüßte, welche Anweisung der Chef des „Michael-Schumacher-Konzerns" dem Fahrer gegeben hat: „Und jetzt auf einen Erdbeermilch-Shake zu McDonalds. Will sonst noch jemand...?"

BENEFIZ

Er hängt es selten an die große Glocke. Aber einige Organisationen freuen sich alljährlich über Schecks aus dem Hause Schumacher. Wie Ayrton Senna, der die Formel 1 vor ihm beherrschte, bedenkt Michael Schumacher vor allem Organisationen, die sich für Kinder einsetzen. So spendete er 1996 eine Million Mark für kriegsverletzte Kinder in Bosnien. Seit 1997 fördert Michael die „Stiftung RTL - Wir helfen Kindern". Schirmherrin ist Danièle Thoma, Gattin des RTL-Chefs (o.). (Konto 15151515, Stadtsparkasse Köln, BLZ 370 501 98).

Alles in Rot: Beim Nürburgring-Rennen überwogen eindeutig die Dekra-Kappen. Über 300.000 wurden in einem Jahr verkauft.

DER MANAGER

Bei fast jedem Rennen ist Manager Willi Weber dabei. Der ehemalige Gastronom zwängt sich gerne ins Ferrari-Outfit - und er genieß

dieninteresse mehr als sein Star.

Willi Weber ist ein Selfmademan, der stets der Beste sein will. Er kommt aus einfachen Verhältnissen, hatte mit 25 bereits seine erste Million gemacht. Heute bekommt er ein Fünftel von Michaels Einnahmen. Aber er tut dafür auch eine ganze Menge.

Er ist Vater und Mutter aller Milchmädchen. Wenn Willi etwas vorrechnet, schießen jedem Zuhörer Tränen des Mitleids in die Augen. Sensationell die Aufführung, wenn er die Rolle des Selbstlosen gibt. Was immer dann der Fall ist, wenn der fesche Weber erklärt, wie teuer es für ihn war, Deutschland einen Weltstar zu schenken.

3,5 Millionen Mark mußte der arme Willi in den ersten drei Jahren in Michaels Rennsportkarriere investieren, sagt er. Nur um dann im vierten Jahr die ersten 30.000 Mark wieder zurückzubekommen.

Soweit zur Legendenbildung. Jetzt zu den Fakten: Die Aufbaujahre mit Michael haben den Stuttgarter keineswegs in die Armenküche getrieben. Weber war damals millionenschwerer Gastronom, er fuhr längst einen Ferrari. Und es gibt sogar Leute, wie den Sponsorenvermittler Werner Heinz, die versichern: „Webers WTS-Team hatte schon 1989 mit den ONS-Geldern und den von mir herbeigeschafften ‚West'-Geldern hervorragende Sponsoren. Vom ersten Tag an hat Weber an Michael Schumacher verdient.“

Was sein verdammtes Recht ist. Auch wenn Michael Schumacher der über zehn Jahre abgeschlossene Managervertrag mit seiner 20 Prozent-Provision noch heute weh tut. 1999 läuft der Vertrag aus – und dann werden die Karten neu gemischt.

Weber hat sich hierzu in eine gute Position gebracht. Wer Willi Weber in den späten achtziger Jahren kennenlernte, kann es heute kaum fassen: War er früher ein zweitklassiger Komödiant, der endlich mal den Supermanager spielen wollte, ist er nun in der Tat zu einem ernstzunehmenden Manager gereift. Zu einem Manager, der immer häufiger die richtigen Maßnahmen zur richtigen Zeit ergriffen hat und ergreift.

Die Wahl Michael Schumachers als Fahrer für sein WTS-Team war ein Glücksfall für Weber, der schon damals den Plan hatte: „Ich will einen deutschen Fahrer in die Formel 1 bringen.“ Daß Michael das Potential dazu hatte, erkannte Weber rasch. Als Glücksfall erwies sich, daß Mercedes ähnliche Pläne hatte und die besten Formel-3-Fahrer von 1989/90 in sein Juniorenteam holte.

Kein Partner für Mercedes

Für Mercedes war – damals – Weber kein Verhandlungspartner. Höflich legte man dem stets etwas overdresseden Kneipenbesitzer nahe, während der Gruppe-C-Rennen seines Schützlings die eigene Präsenz in der Mercedes-Box auf ein Minimum zu reduzieren. Weber hielt sich daran so gut es seine Eitelkeit zuließ. Trotzdem: Noch heute sehen es damals Verantwortliche aus Untertürkheim als Fehler an, daß sie Weber nicht einfach ausbezahlt haben.

Doch Weber lernte schnell. In seiner bauernschlauen Art begriff er instinktiv, daß an einem Michael Schumacher in der Formel 1 kein Weg vorbeigehen wird. Was bedeutete: Auch nicht an ihm.

Mit dieser Sicherheit im Rücken wuchs der von Herkunft her schlichte und eher unsichere Weber über sich hinaus. Beeindruckend, wie Willi Weber mitten im Krisenjahr 1994 den ungünstig langen Dreijahresvertrag mit Benetton um die Hälfte verkürzte, dafür aber Michaels Bezüge verdoppeln konnte. Im Jahr zuvor hatte Weber durch eine Indiskretion erfahren, daß der damalige Schumacher-Kollege Riccardo Patrese mehr als der Kerpener verdienen werde. Und das, obwohl Schumacher vereinbart hatte, daß kein Benetton-Fahrer mehr kriegen dürfe, als er. Weber hatte die Nerven, mit diesem Wissen ein Jahr hinterm Berg zu halten. Erst Mitte 1994 holte er den Knüppel aus dem Sack.

Nervenstark verhandelte er mit dem mehrlichtigen Briatore, obwohl man ihm zum gleichen Zeitpunkt selbst ans Bein wollte. Die Presse beschuldigte Weber, sechs Jahre zuvor in einem seiner Betriebe Prostitution zugelassen zu haben. Micha-

Wilhelm F. Weber

Der gebürtige Regensburger, Jahrgang 1942, ist seit 30 Jahren im Motorsport aktiv. Als gelernter Hotelkaufmann legte er in den sechziger Jahren als Barkeeper und Schnapshändler die Basis für ein kleines Gastronomie-Imperium im Raum Stuttgart. Mit dem ersten selbstverdienten Porsche nahm er am Porsche-Cup teil, später fuhr er Tourenwagenrennen. 1984 kaufte sich der 42jährige Millionär in ein Formel-3-Cockpit ein: „Leider zu spät. Die jungen Fahrer waren schneller." Stattdessen übernahm er das F3-Team und gewann mit seinem Fahrer Joachim Winkelhock 1988 die Meisterschaft. Auf der Suche nach einem neuen Fahrer sah er 1988 den jungen Michael Schumacher bei einem Formel-Ford-Rennen. Er holte ihm mit einem langjährigen Vertrag in sein Team: Michael brauchte weder Sponsoren noch Geld zu bringen, sondern erhielt von Weber ein Gehalt.

Willi Weber, der zeitweise 35 Restaurants und Hotels unterhielt, hat sich von einem Großteil der Betriebe getrennt. Von einem eleganten Büro in Stuttgart aus zieht er mit einem Team von 24 Mitarbeitern geschickt die Fäden in Michaels Karriere, sammelt Sponsorengelder, handelt die Teamverträge aus. Seit 1994 betreut er auch Michaels Bruder Ralf.

Der Manager ist seit 35 Jahren verheiratet und hat eine Tochter, die im Büro mitarbeitet. Seine Frau Heidemarie hat mit der Szene nichts am Hut, sie arbeitet ehrenamtlich für den Tierschutzverein, fährt einen Golf - und wenn der Ehemann ihr eine Freude machen will, schenkt er ihr hin und wieder ein Grundstück, um ein neues Heim für herrenlose Tiere zu errichten.

Der Macher und seine Goldjungs: 1991 brachte der Manager Mich

Über den schwarzen Schreibtisch des Managers gehen alle Millionenverträge. Aber Michael spricht bei den Entscheidungen stets mit.

ddie Jordan (r.), 1997 den hoffnungsvollen Weltmeisterbruder Ralf.

el stellte sich hinter seinen Manager: „Bei 35 Häusern kann er nicht jeden Tag nachschauen, was da läuft." Auch eine Anzeige wegen Steuerhinterziehung hakte Weber unter dem Aspekt Neidhammelei ab und zahlte 250.000 Mark Strafe. Dummerweise gilt er seither als vorbestraft.

Daß er Michael Richtung Ferrari lotste, zeigte strategisches Kalkül. Die Verbindung des weltbesten Rennfahrers mit dem Mythos Ferrari – daraus ließen sich Geschäfte ohne Ende ableiten. Ferrari mußte für die Verpflichtung Schumachers die höchste jemals bezahlte Fahrergage akzeptieren.

Ein weiterer Weber-Coup war die überraschende Verlängerung dieses Vertrages Mitte 1996. Als die Ferrari-Krise am schlimmsten war, wurde aus dem Zweijahresvertrag eine Bindung bis ans Ende des Jahrhunderts – natürlich nur gegen eine weitere enorme Aufstockung des Rekordgehaltes. Voller Respekt verkündete Fiat-Boß Gianni Agnelli: „Ich habe Herrn Weber kennengelernt."

Mittlerweile ist Weber genau das, was er schon immer werden wollte: Ein gefragter Partner der Mächtigen und Reichen. Automobilgigant Mercedes hofiert ihn ebenso wie die Edelanbieter Boss oder Asprey.

Jubel nach dem Gewinn der F3-Meisterschaft 1990. Willi Weber (r.): „Ich hatte das richtige Los gekauft."

Michael sagt Du, Ralf Sie

Für Michael ist Weber mehr als ein Manager, die freundschaftliche Bindung ist ehrlich. Seit 1990 duzen sich die beiden, während Ralf – ebenfalls bei Weber unter Vertrag – zunächst noch das respektvolle Sie abverlangt wird.

Mit der Einstellung eines eigenen Pressesprechers für seinen Fahrer und mit der konsequenten Umsetzung der Michael-Schumacher-Collection setzte Weber Maßstäbe in der Formel 1. So sehr, daß andere Stars – wie Motorrad-Weltmeister Mick Doohan oder gar eine Claudia Schiffer – mittlerweile mit Weber zusammenarbeiten. Chauffeur und Privatflieger sind die äußeren Zeichen seines Aufstiegs. Heute glaubt man ihm sogar einen Satz, der vor zehn Jahren noch größte Heiterkeit hervorgerufen hätte: „Geld interessiert mich schon lange nicht mehr. Mir geht es nur noch um Perfektion."

DER BRUDER

Auf dem Nürburgring kam es 1997 zur Familientragödie - dachten alle. Jordan-Pilot Ralf Schumacher kickte seinen Bruder von der Fahrbahn. Michael wurde im Titelkampf schwer zurückgeworfen. Doch er nahm es locker: „Ein normaler Rennunfall. So was kann jedem passieren." Wie schön, wenn man einen Bruder hat, der einfach nichts übelnimmt.

Die folgende Szene spielte sich Ende 1992 auf der elterlichen Kartbahn in Kerpen ab. Auf dem Programm stand ein Lauf zum Winterpokal. Für den Formel-1-Star Michael Schumacher ein Termin, auf den er sich das ganze Jahr freute. Schon allein deswegen, weil er hier mit seinem Bruder um die Wette fahren konnte.

Wenn Michael streng wird, dann wird sein Mund auffallend klein und schmallippig. Und an diesem Morgen war sein Mund auffallend klein und schmallippig: „Ehrlich gesagt weiß ich nicht, wie es mit dem Jung' weitergehen soll. Es wird höchste Zeit, daß er anfängt, auf sich selber aufzupassen."

Kaum zu Ende gesprochen, fing er seinen Bruder ab: „Ist dein Kart in Ordnung, stimmt der Reifendruck, ist die Kette gespannt?" Bevor der kleine Bruder antworten konnte, checkte Michael lieber selber nach.

Mag ja sein, daß es höchste Zeit für Ralf war, selber auf sich aufzupassen. Doch bei so einem größeren Bruder erwies sich das als ganz schön schwierig.

Michael und sein Bruder Ralf – das ist ein Kapitel für sich. Schon allein der Altersabstand: Sechs Jahre. Für den damals 17jährigen Ralf war Michael nicht nur der große Bruder, er sah ihn auch ein bißchen in einer väterlichen Rolle.

Michael liebt den „Kleinen", der vier Zentimeter größer ist, abgöttisch - heute nicht anders als früher. Dabei haben die beiden relativ wenig miteinander gemein. Ist Michael stets pedantisch und penibel, liebt Ralf eher die locker-lässige Art. Beginnt für Michael frühmorgens der Tag mit einem ausgedehnten Fitneßprogramm, dreht sich Bruder Ralf träge gähnend noch einmal im Bett herum. Und wägt Michael im Gespräch sogar mit Freunden jedes Wort vorsichtig bis ängstlich ab, kennt Ralf selbst Fremden gegenüber keine Beißhemmung.

LIEBEVOLL INKONSQUENT

Doch diese vorlaute und faule Socke Ralf hat in Bruder Michael den besten Freund - auch wenn das kleine Brüder manchmal gar nicht so mitkriegen. Ermahnungen und Anweisungen, ob sie nun vom Vater oder vom großen Bruder kommen, sind für einen Typen wie Ralf in erster Linie dazu da, genau das Gegenteil zu machen. Michael, der normalerweise mit uneinsichtigen Menschen nur wenig anfangen kann, wächst bei seinem Bruder über sich selbst hinaus: Er, der Überkonsequente, ist bei seinem störrischen Bruder liebevoll inkonsequent.

Als der „Kleine" 1992 auf dem Norisring sein erstes Autorennen fuhr, schlich sich Michael mit einer Perücke getarnt an die Strecke: „Ich erkannte schon in den ersten Runden, wie nervös Ralf war. Hier ein kleiner Schlenker, dort einmal unsauber geschaltet. Er war halt der Bruder von dem ‚Formel-1-Schumacher', und jeder wollte sehen, was der so bringt."

Die kritische Einstellung der Öffentlichkeit konnte für Michael nur eines bedeuten: „Momentan bin ich für Ralf eher eine Belastung. Viele erwarten von meinem 17jährigen Bruder das gleiche wie von mir als 23jährigem. Jeder Nachwuchsfahrer muß die Möglichkeit haben, unerkannt seine Erfahrungen und seine Fehler zu machen."

Michael sagte damals, 1992, im vertrauten Kreis: „Für mich gibt es keine Zweifel, daß Ralfs Talent dicke für die Formel 1 reicht."

Talent ja. Aber hatte er auch genügend Disziplin, Einsatzwillen und Leidensbereitschaft? An diesem Fragezeichen litt Michael wie ein Hund. Und Ralf ließ keine Möglichkeit aus, seinen Bruder leiden zu lassen. Wann immer Michael den Kleinen an die motorsportlichen Sekundär-Tugenden erinnern wollte, zeigte der ihm die lange Nase.

Michael war selber noch zu jung, um zu verstehen, daß sich kein kleiner Bruder, der etwas auf hält, auch nur irgend etwas vom großen Bruder sagen läßt.

Was auch sein Gutes haben kann. Zum Beispiel an dem Punkt von Ralfs Karriere, an dem endlich mal „Butter bei die Fische" kommen mußte. Ralf hatte seine Formel-3-Zeit gerade mit einem Vize-Titel in der Deutschen Meisterschaft abgeschlossen.

In Michaels Augen war Ralf noch nicht reif genug für die ganz große Karriere. Dementsprechend wollte er ihn für ein, zwei Jahre im Tourenwagensport zwischenlagern: „Ein Werksvertrag in der DTM, bei Mercedes oder bei Opel, wäre genau das Richtige und eine gute Schulung. Und auch wenn es die meisten anders sehen, ein guter Weg in die Formel 1. Und wenn es nicht klappen sollte, dann hat man im Tourenwagensport immerhin noch ein gutes Auskommen, mit dem man die Miete bezahlen kann."

Bruder Ralf sah das mal wieder anders und entschied sich – zum Glück – für die

Ralf Schumacher in Zahlen und Fakten

Geboren am 30. Juni 1975 in Hürth-Hermühlheim
Wohnsitz: Monte Carlo
Größe: 178 cm, Gewicht: 73 kg
Familienstand (1997): ledig
Hobbies: Kart, Skat, Tennis, Radfahren
Einkommen (1997, geschätzt): 500.000 US-Dollar

Karriere:

1978-80 Kart
1991 Kartsieger im NRW-Cup, Deutscher Juniorenmeister Kart
1992 Deutscher Meister Kart
1993 Formel Junior, 2. Rang (Meister: Ralf Kalaschek), Testfahrten Formel 3, Vertrag mit Willi Webers WTS-Team
1994 Formel 3, 1 Sieg, 3. Rang (hinter Jörg Müller, Alexander Wurz)
1995 Formel 3, 2 Siege, 2. Rang (Meister: Norberto Fontana) Sieger beim GP Macau, 2. Platz in Monaco
1996 Japanische Formel 3000 (Formel Nippon) 3 Siege, Meister. In jap. GT-Serie Zweiter auf McLaren-BMW
1997 Formel 1 im Team Jordan-Peugeot 13 Punkte, 1 mal Dritter, 10 Ausfälle, Rang 12 der Meisterschaft

Teamkollege 1997:
Giancarlo Fisichella (Italiener, geb. 1973 in Rom), 20 Punkte, Rang 9 der Meisterschaft

Brüderliche Hilfe: Formel-1-Star Michael unterstützte 1992 den 17jä

Deutscher Tag in Magny-Cours: Michael war stolz, daß sein kleiner

or einem Kartrennen – wie so oft.

Formel 3000 in Japan. Wo er der jüngste Meister der Formel Nippon wurde. Bruder Michael konnte trotz seiner persönlichen Fehleinschätzung seinen Stolz nicht verhehlen: „Ralf war besser, als ich es erwartet hatte. Ich dachte, daß er erst im zweiten Jahr um den Titel kämpfen würde."

Doch das war nicht alles, was Michael am Japan-Ralf gefiel: „Er hat sich in Japan menschlich weiterentwickelt. Ralf mußte ein Jahr lang den eigenen Haushalt führen, kochen, waschen, bügeln. Früher hat der doch alles in die Ecke geworfen."

Das ist mittlerweile Geschichte – Ralf gehört heute zum festen Inventar der Formel 1. 1997 fuhr er seine erste Saison für das Team Jordan-Peugot. Und schaffte es immerhin, noch schneller auf das Treppchen zu kommen, als Senkrechtstarter Michael. Der seinem Bruder Ralf gegenüber die zarteste Liebeserklärung aussprach, die unter rennfahrenden Brüdern überhaupt denkbar ist: „Ich glaube, daß man auf der Strecke mit seinem Bruder schon anders umgeht als mit einem normalen Kollegen."

Auch Ralf hat diese Toleranz unter Brüdern. Beim Grand Prix von Ungarn hielt er sich 1997 brav hinter Michael, obwohl sein Jordan an dem Tag schneller war, als der Ferrari. „Für Michael ist jeder Weltmeisterpunkt wichtig", begründete er seine Kolonnenfahrt – und holte sich eine gesalzene Rüge von Teamchef Eddie Jordan ein. Dem waren Michaels Punkte schnuppe – dafür ärgerte er sich über verlorene Zähler für die Konstrukteurs-WM.

Auf dem Nürburgring kam es kurz darauf zur Nagelprobe. Ralf hatte einen Bombenstart und holte schon auf den ersten Metern seinen Teamkollegen Fisichella ein. Seite an Seite schossen sie in die erste Kurve. Nur: an der Außenkante versuchte auch Bruder Michael auf Weltmeisterkurs seine Position zu halten. Diesmal lupfte keiner der beiden Brüder das Gaspedal – und das bedeutete den Familien-Gau. Beide waren aus dem Rennen, und Michael lag zwei Stunden später in der WM-Wertung hoffnungslose neun Zähler zurück...

„Ein normaler Rennunfall", versuchte sich Ralf gegen die Meinung der Nation zu verteidigen. So ziemlich der einzige, der ihm recht gab, war Bruder Michael: „Ralf hat höchstens zehn Prozent Schuld."

Ein Herz und eine Seele, die beiden.

eim Qualifying unter die ersten drei gekommen war. Den dritten Deutschen, HH Frentzen, stimmte die Schumacher-Dominanz nachdenklich.

MIT DEM KART ZU DEN STERNEN

Michael Schumacher, 17, in voller Fahrt. Nachdem er 1984 und 85 die Kart-Juniorenmeisterschaft gewonnen hatte, wurde er 1986 in der „Seniorenklasse" Dritter. Das konnte den Kfz-Lehrling nicht befriedigen: Ein Jahr später war er Kartmeister und hatte einen Vertrag für die Formel König in der Tasche.

Mit vier waren Laternen seine größten Gegner. Mit sechs hatte er den ersten Pokal. Mit 20 trug er als Berufsrennfahrer den Mercedes-Stern am Overall. Eine Traumkarriere? Natürlich, aber vor allem das Resultat von Ehrgeiz, Besessenheit, Mut – und Glück.

Alles begann an einem Laternenpfahl auf einem Parkplatz in der Nähe von Kerpen. Vor dem Laternenpfahl stand ein ramponiertes Tretkart mit Minimotor, auf dem Kart saß ein knapp vierjähriger Knirps mit einem schlechten Gewissen. Neben dem Knirps schimpfte ein wütender Vater darüber, daß Sohnemann trotz aller Ermahnungen einfach die kommunalen Beleuchtungsanlagen plättete.

Ob es den angekratzten Laternenpfahl heute noch gibt, bedarf der Recherche. Das Hilfskart auf jeden Fall ist fester Bestandteil der Motorsportgeschichte. Der ehedem wütende Vater ist in die Kategorie stolzer Vater aufgerückt und der damals Vierjährige ist heute im Begriff, zum größten Rennfahrer aller Zeiten zu mutieren.

Ein knappes Vierteljahrhundert liegt zwischen dem angefahrenen Laternenmast und dem Gewinn der Vize-Weltmeisterschaft 1997. Und eine Reihe weiser Entscheidungen. Am Anfang dieser Reihe stand damals, im Frühjahr 1973, Vater Rolf mit der sicheren Erkenntnis, daß es so nicht weitergehen kann: „Ich habe dem Michael immer gesagt, er soll vorsichtig mit unserem selbstgebauten Go-Kart fahren. Und dann passierte das mit der Laterne. Der Aufprall war so heftig, daß das Glas runterfiel. Ich habe geschimpft wie ein Rohrspatz; ich glaube sogar, es gab eine hinter die Ohren. Michael fuhr nach Hause, ohne ein Wort zu sagen.“

Vater Rolf wollte seinen Sohn unbedingt von der gefährlichen Straße kriegen: „Da traf es sich gut, daß ganz in unserer Nähe, in Horrem, der Kart-Club Graf Berghe von Trips seine Bahn hatte. Wir sind mal hingefahren, und Michael hatte endlich die Möglichkeit, sich unter kontrollierbaren Verhältnissen auszutoben. Durch diese ersten Besuche kamen wir mit der Szene in Berührung. Und erst im Kontakt mit der Kartszene merkten wir, mit welch einem Haufen Schrott der Michael unterwegs war. Dabei waren wir mächtig stolz auf das selbstgebaute Gefährt.“

Doch Schrott kann auch schulen. Zumindest dann, wenn sich ein überdurchschnittliches Talent mit einem überdurchschnittlichen Willen und überdurchschnittlicher Disziplin damit auseinandersetzt.

Michael fuhr und fuhr und fuhr. Und immer am liebsten im Regen: „Da war ich meistens allein auf der Strecke, da fiel die Unterlegenheit meines Gefährts nicht so auf. Ganz davon zu schweigen, daß mir das Schleudern und Driften im

Glücksritter 1977: Die künftigen Formel-1-Piloten Michael und Ra

Der achtjährige Michael hatte wieder eine Clubmeisterschaft gewo

Regen ganz besonders viel Spaß machte."

Alles lief jetzt in die richtige Richtung – wie bei einem gut eingestellten Dieselmotor bewirkte eine Selbstzündung die nächste. Vater und Sohn Schumacher hatten Spaß an der Sache. Das selbstgebaute Gefährt wurde schnell gegen ein gebraucht gekauftes Kart eingetauscht. Aus den ersten Schleuderversuchen wurden ebenso schnell erste Rennen. Und aus den ersten Rennen resultierte dann im zarten Alter von sechs Jahren die erste Clubmeisterschaft. Aus dieser Meisterschaft entstand wiederum eine engere Bindung an den Club. Der war mittlerweile von Kerpen-Horrem nach Kerpen-Manheim umgezogen und suchte einen Bahnwart. Jemanden, der auf eigene Rechnung den Leihkartbetrieb schmiß. Ein Zusatzjob, den der Kaminmaurer Schumacher gut gebrauchen konnte. Genauso gut wie den neuen Nebenverdienst seiner Frau, die auf dem Kartgelände einen Imbißstand aufzog.

Familie Schumacher siedelte auf das Bahngelände in Kerpen-Manheim um. Die Eltern hatten Michael im Blickfeld – und Säugling Ralf sog die Rennatmosphäre quasi mit der Muttermilch auf. Finanziell war die kleine Familie nicht unbedingt auf Rosen gebettet.

Rasch lernte Klein-Michael die Eckdaten einer Leistungsgesellschaft kennen: „Ich hatte drei Hosen. Als ich eine vierte haben wollte, sagte mein Vater, daß ich mir das Geld dazu selber verdienen müsse."

Eine der vielen Urkunden aus Michaels Kinderzimmer in Kerpen.

Klar, daß auch in den Kartsport nur mit gebremstem Schaum investiert werden konnte. Michael hatte weit und breit das schlechteste Material. Die aus den Mülltonnen „recycelten" Rennreifen – achtlos weggeworfen von Söhnen reicher Eltern – sind mittlerweile fester Bestandteil des Michael-Schumacher-Mythos geworden.

1980 DAS ERSTE RENNKART

Daß Michael in den siebziger Jahren immer nur mit Kart-Ruinen unterwegs war, hatte auch seine Vorteile. Weil er trotzdem schneller fuhr, als die anderen, fiel er auf. Es wurden mehr und mehr Leute auf ihn aufmerksam, die ihm helfen wollten.

Der Karthändler Gerhard Noack war so ein früher Förderer. Er schenkte Michael 1980 das erste „richtige" Rennkart. Mit dem gewann Michael ein Rennen nach dem anderen. Michaels regionaler Ruhm wuchs, und auch der Umsatz von Noack. Dessen frischgegründeter Karthandel konnte die Siege gut in Werbemaßnahmen umsetzen.

Ein anderer Förderer – vielleicht d e r Förderer überhaupt – war der Aachener Automatenaufsteller Jürgen Dilk. Er wurde von Michael als Ersatzvater akzeptiert. Damals kümmerte er sich um den Knirps, als sei es sein eigener Sohn. Dilk weigert sich noch heute, als „Sponsor" tituliert zu werden: „Dazu fehlte mir doch selber das Geld." Aber er tat seinerzeit alles, um irgendwie die Mittel für Michaels Karriere zusammenzukratzen.

Michael dankte es mit totaler Hingabe an die Sache. Dilk, selbst Vater eines Sohnes, erzählt es immer wieder gerne: „Wenn ich Michael sagte, daß ich ihn Samstagmorgen um sechs Uhr abholen würde, dann stand Michael um Viertel vor sechs mit seiner gesamten Ausrüstung fein säuberlich aufgebaut vor dem Haus. Er wollte vermeiden, daß ich eine Minute auf ihn warten mußte. Das war seine Art, danke zu sagen."

Es mußte wirklich ganz speziell was mit dem Kartsport zu tun haben. Denn ansonsten waren Jung-Michael alle streberhaften Allüren fremd. Seine Klassenlehrerin von der Otto-Hahn-Realschule in Kerpen weiß nur zu genau um den überschaubaren Leistungswillen des Schülers Schumacher: „Der war clever genug, um mit dem geringsten Einsatz über die Runden zu kommen. Michael war in erster Linie anwesend. Mehr nicht."

Wobei auch das nur bedingt galt. Mitschüler Arnd erinnert sich mit einem leichten Anflug von Neid: „Freitags ging er etwas früher, dafür kam er montags etwas später." Kumpel Andreas kennt den Grund: „Michael hatte sowieso nur Karts im Kopf." Und am Wochenende standen die Rennen an.

Die Leistungsbilanz gab Michael recht: 1984 wurde er Deutscher Kart-Juniorenmeister. Den Erfolg konnte er 1985 wiederholen und mit dem Kart-Junioren-Vizeweltmeistertitel kom-

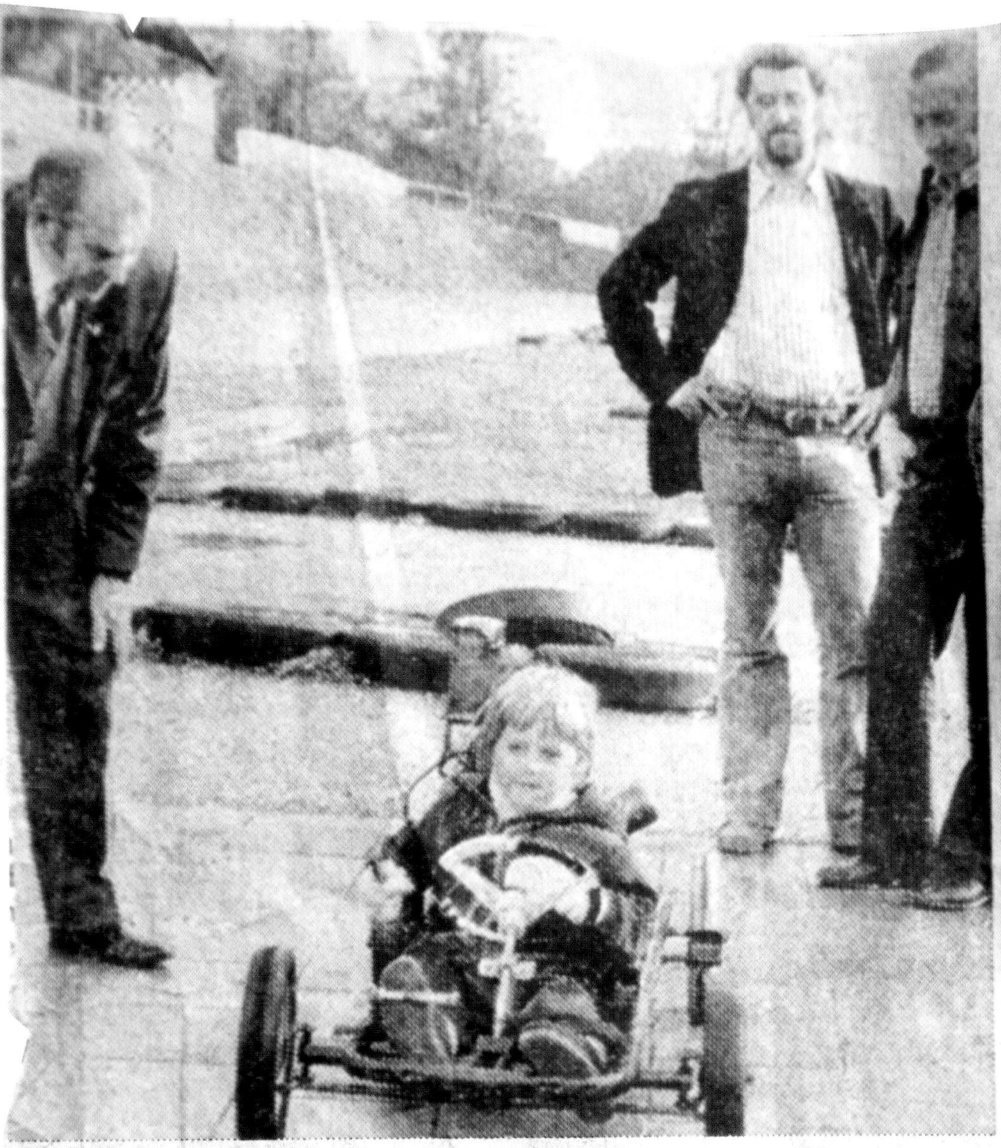

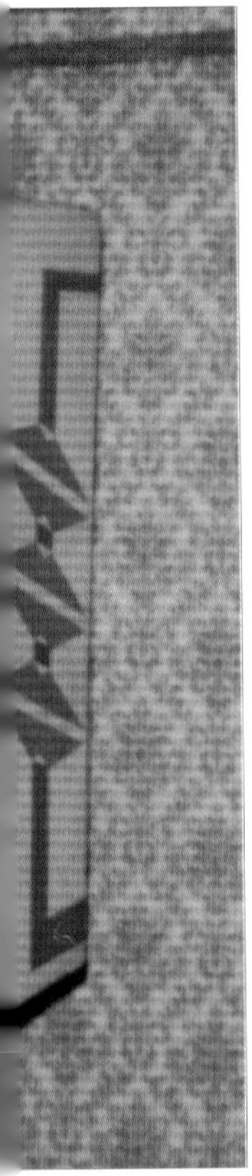

Michael – klein, aber schnell

sz. Horrem. Der wahrscheinlich jüngste Kart-Fahrer der Bundesrepublik wohnt in Niederaußem. Er heißt Michael Schumacher und ist vier Jahre alt. Der kleine Flitzer gehört zusammen mit seinem Vater seit etwa vier Wochen dem Kart-Club „Rennsportfreunde Graf Berghe von Trips" an. Auch an diesem Wochenende drehte Michael auf der Horremer Kart-Bahn wieder seine Runden. Die Spitzengeschwindigkeit des „selbstgezimmerten" Untersatzes beträgt immerhin 45 Stundenkilometer. Das Fahrzeug wurde aus einem Kett-Car und dem Motor eines Mofas zusammengebaut. Eine Büchse dient als Tank. Gerhard Gollnast (links im Bild) freut sich über das jüngste Mitglied seines rund 80 Mann starken Vereins, dem allein etwa 50 aktive Kart-Fahrer angehören.

Erstmals tauchte Michael 1973 in der Presse auf. Rolf Schumacher (2.v.r.) blickt stolz auf den Weltmeister in spe.

FRÜHE KARRIEREBEGLEITER

Gerhard Noack

Er war ursprünglich Kfz-Schlosser, machte sich mit einem Tapetengeschäft selbständig. Noack, ein begeisterter Kartfahrer, erkannte als erster das überragende Talent des damals elfjährigen Michaels.
1980 schenkte er dem Jungen sein Rennkart, das er kurz zuvor für sich selber gekauft hatte. Anfang der achtziger Jahre begleitete er Michael zu den Kartrennen, baute nebenbei einen Karthandel neben der Bahn in Kerpen auf. 1982 wurden ihm die Reisen zu viel. Jürgen Dilk übernahm das „Management".

Adolf Neubert

Der gelernte Automechaniker begann 1960 mit dem Bau der ersten Karts in Deutschland - nach Abbildungen, die er in amerikanischen Zeitungen gesehen hatte. Anfang der achtziger Jahre gründete er sein Kartteam „Eurokart" in Otzberg-Lengfeld bei Darmstadt. 1985 holte Neubert den frischgebackenen Juniorenmeister Michael in sein Team, zwei Jahre später war Michael Deutscher Kartmeister. Drei Jahre wohnte Michael bei Neuberts, er begann hier seine Kfz-Lehre und machte den Führerschein.

Jürgen Dilk

Ehemaliger Automatenaufsteller aus Alsdorf bei Aachen. Er förderte Michael in seiner Kart- und Formel-König-Zeit von 1982 bis 1988, begleitete ihn zu allen Rennen. Während der Meisterschaftsläufe trat er als „Vater" von Michael auf. Dilk zog sich zurück, als Willi Weber seinen Schützling in die Formel 3 holte. Heute leitet Dilk, nach einer schweren Herzoperation Frühinvalide, Michaels wichtigsten Fanclub (Kösliner Str. 16, 52477 Alsdorf). Der Kontakt zu Michael Schumacher ist eng geblieben.

Willi Bergmeister

Der VW-Händler aus Langenfeld (bei Düsseldorf) war selbst erfolgreicher Rennfahrer (Tourenwagen). Sechsmal gewann er das 24-Stunden-Rennen auf dem Nürburgring. In seinem Betrieb setzte Michael von 1988-89 seine Lehre als Kfz-Mechaniker fort und beendete sie erfolgreich. Bergmeister, dessen Söhne Tim und Jörg auch hoffnungsvolle Motorsportler sind, ermöglichte seinem damaligen Azubi großzügig die Teilnahme an den Rennserien Formel König und Formel Ford und sponsorte ihn anfangs in der Formel 3.

plettieren. 1986 stagnierte es ein wenig, mehr als ein dritter Platz in der Deutschen Kartmeisterschaft war nicht drin. Dafür hielt er sich ein Jahr später mit dem Meistertitel schadlos. Zudem wurde er Europameister. Für den Achtzehnjährigen kam die Zeit, an „richtige" Rennautos zu denken.

Auf Vermittlung seines Förderers Dilk ging Michael 1988 gleich in zwei Meisterschaften an den Start. Zum einen in der neuen Formel König, in der damals mit 75-PS-Panda-Motoren gefahren wurde. Ein Konkurrent aus Kartzeiten spöttelte gekonnt: „Ich bin auf der Start- und Zielgeraden mal ein bißchen neben deinem Auto hergelaufen. Das sah ganz anständig aus, wie du fährst..."

Was soll's: Michael gewann 1988 die Formel König souverän. Und auch in der Formel Ford war er vorne mit dabei. Nur bei acht von zwölf Rennen am Start, belegte er den sechsten Rang im Schlußklassement. Der größte Erfolg in dieser Serie war allerdings nicht in Plätzen und Punkten zu messen. Denn als viel wichtiger erwies sich, daß ein Formel-3-Teamchef namens Willi Weber sich den Michael Schumacher bei einem Formel-Ford-Rennen ansah. Er war bald davon überzeugt, ein Riesentalent vor sich zu haben. Kennenlernen, Vereinbarung zu ersten Testfahrten, Mana-

König in der Formel König: Michael gewann 1988 ganz souverän

Der erste rote Overall: Nach dem Gewinn der Deutschen Kartmeisterschaft posierte Michael (18) fürs Vereinsblatt und eine Autogrammkarte.

Gerd Hofmann

Der Geschäftsführer des Sportsitze-Herstellers König gründete 1988 die Formel König. Er wollte den Kartmeister Michael Schumacher in seiner neuen Formel haben, beschaffte ihm über einen befreundeten Lamborghini-Händler einen Formel-Wagen. Michael gewann von zehn Rennen neun, einmal wurde er Zweiter. Souverän beendete er die erste Saison der Formel König als Meister - mit 59,5 Punkten Vorsprung. Parallel dazu fuhr er einige Formel-Ford-Läufe. Hierbei entdeckte ihn Formel-3-Manager Willi Weber.

Peter Sauber

Der Schweizer baute im Auftrag von Mercedes die Sportwagen (Gruppe C), mit denen Mercedes 1989 die Weltmeisterschaft gewann. 1989 kamen die ersten drei der Formel-3-Meisterschaft (Wendlinger, Frentzen, Schumacher) als Junioren in sein Team, um sich für den geplanten – später verschobenen – Formel-1-Einstieg von Mercedes zu qualifizieren (Wichtigster Lehrer: Jochen Mass). Sauber bemühte sich auch persönlich intensiv um die Ausbildung der 20- und 21jährigen Jungen.

Jochen Neerpasch

Gilt als „graue Eminenz" der Rennszene in Deutschland. Er war bis 1968 Porsche-Werksfahrer, dann Rennleiter bei Ford. Von 1972 bis 1980 leitete er die Motorsportaktivitäten bei BMW. Weitere Stationen: Talbot, FIA, Sportvermarktungsfirma IMG. 1988 wurde er Rennleiter bei Mercedes und gleichzeitig Geschäftsführer bei Sauber. Er baute das Mercedes-Junioren-Team auf, brachte Michael in die Formel 1. Heute ist Neerpasch u.a. Mentor des STW-Cups. Er lebt in Monte Carlo.

Jochen Mass

Er war Deutschlands erfolgreichster Rennfahrer - bis er von Michael entthront wurde. 104 mal ging er zwischen 1973 und 1982 in der Formel 1 an den Start. Mass holte 71 WM-Punkte, einmal siegte er. Nach 1982 fuhr er in der Sportwagen-WM für Porsche und (ab 1987) für Sauber-Mercedes. Mass war der wichtigste Lehrer des Mercedes-Junioren-Teams. Er baute Michael für seinen Einsatz in der Formel 1 auf. Mass kommentierte ab 1993 zusammen mit Jochen Waßer die Formel-1-Übertragungen von RTL.

ste Meisterschaft der neuen Nachwuchsserie.

F3-Konkurrenten 1990: Mika Häkkinen und Michael.

gementvertrag auf zehn Jahre - und Einstieg in die Formel 3 waren dann nur noch eine Frage von wenigen Wochen.

Michael wollte die Lehre abbrechen

Der Wunsch, eine Rennfahrerkarriere anzustreben, war so groß, daß Michael in Konflikt mit seinem Lehrherrn geriet. Beim Langenfelder VW-Händler Willi Bergmeister wurde er zum Kfz-Mechaniker ausgebildet. Bergmeister erinnert sich: „Ein Jahr vor dem Abschluß wollte Michael die Lehre abbrechen. Wir haben es dann geschafft, die Prüfung ein halbes Jahr vorzuziehen – und Michael hat sie im

Frühjahr 1989 auf Anhieb bestanden.“ Michael war damals 20 Jahre alt. Er hatte einen Formel-3-Vertrag mit dem Team des amtierenden Meisters, der ihm ein zwar bescheidenes, aber immerhin geregeltes Einkommen als Berufsrennfahrer garantierte.

Das erste Jahr in der Formel 3 beendete Michael mit zwei Siegen. Er lag gemeinsam mit Heinz-Harald Frentzen (3 Siege) in der Schlußwertung einen einzigen Punkt hinter Meister Karl Wendlinger – und 89 Punkte vor seinem Teamkollegen Frank Schmickler.

Es war ein Glücksfall der Motorsport-Geschichte:

Damals, 1989, beschloß der Weltkonzern Mercedes, nach 45 Jahren seine Rückkehr in die Formel 1 anzustreben – mit deutschen Eigengewächsen. In Frentzen und Schumacher hatte man zwei überragende Talente ausgemacht, zudem engagierte man F3-Champ Wendlinger aus Österreich.

Zwei Jahre lang brachten die Stuttgarter ihren Paradeschülern alles bei, was man für die Königsklasse so braucht: Das Auftreten in einem Top-Team mit schier unbegrenzten Mitteln, das Frage- und Antwortspiel mit Technikern der Spitzenklasse, den Umgang mit Sponsoren und Medien aus aller Welt. Nicht zuletzt das Beherrschen von 750 PS starken Ungeheuern – von Motoren also, die der Formel 1 ebenbürtig waren.

Und Michael zeigte seinen Förderern ein ums andere Mal, daß sie aufs richtige Pferd gesetzt hatten. 1990, in seinem zweiten Formel-3-Jahr, war er Meister der wichtigsten Nachwuchsserie – mit 31 Punkten Vorsprung vor Vizemeister Otto Rensing. Und für Mercedes holte er in der Gruppe C in drei Rennen zwei zweite Plätze und einen Sieg.

Wenn es im folgenden Jahr nicht so weiterging, dann lag es ausschließlich daran, daß die Gruppe-C-Wagen von Mercedes 1991 von einer steinerweichenden Unzuverlässigkeit waren. Und trotzdem war spätestens Mitte des Jahres jedem klar: Michael hatte gelernt, was es zu lernen gab. Mercedes stand Gewehr bei Fuß, den Lieblingsschüler in die Formel 1 zu entlassen.

Die treibende Kraft hinter dem ganzen Projekt, Jochen Neerpasch, formulierte das Ziel: „Wir müssen jetzt nur noch Geduld haben, bis etwas in einem guten Team frei wird. Auf keinen Fall dürfen wir die Nerven verlieren und Michael an ein schlechtes Team weiterreichen. Dort ist die Gefahr viel zu groß, trotz seines Talentes unterzugehen.“ Wenige Wochen später gingen Neerpaschs kühne Vorstellungen in Erfüllung.

Deutsche Hoffnungen in der Formel 3: Heinz-Harald Frentzen, Mic

Zehn-Jahres-Ehe: Mit seinem Formel-3-Vertrag band sich Michael

Stern am Bug: 1990/91 fuhr Michael für Mercedes. Die Motoren der Gruppe C waren den F1-Aggreg

els und Michael Schumacher.

30. Geburtstag an Willi Weber.

wertig. Erklärtes Ziel: Formel 1.

Kart-Meisterschaften

1984 Deutscher Kart-Juniorenmeister
1985 Deutscher Kart-Juniorenmeister, Kart-Junioren-Vizeweltmeister

1986 Deutsche Kartmeisterschaft – Endstand

	Fahrer	Fahrzeug	Punkte
1.	Gert Munkholm (DK)	Dino/Dino	78
2.	Thomas Rabe	Kali/Parilla	49
3.	Michael Schumacher	Kali	47

Außerdem: 3. Platz Europameisterschaft

1987 Deutsche Kartmeisterschaft – Endstand

	Fahrer	Fahrzeug	Punkte
1.	Michael Schumacher	Kali/Parilla	127
2.	Peter Hantscher	Mach/KZH	112
3.	Karl-Heinz Gruhn	Kali/DAP	68

Außerdem: Europameister

Formel König 1988 – Endstand

	Fahrer	Punkte
1.	Michael Schumacher	192,0
2.	Georg Hutter	131,5
3.	Helmut Schwitalla	122,5
4.	Markus T. Hofmann	107,0
5.	Andreas Baier	106,0
6.	Kurt Gewinnus	99,5

Formel Ford 1988 – Endstand

	Fahrer	Fahrzeug	Punkte
1.	Meik Wagner	Van Diemen	177
2.	Joachim Koscielniak	Van Diemen	156
3.	Fritz Kreutzpointner	Van Diemen	146
4.	Klaus Panchyrz	Reynard	138
5.	Michael Krumm	Reynard	125
6.	Michael Schumacher	Van Diemen	124

(Nur bei 8 von 12 Läufen am Start)

Deutsche Formel-3-Meisterschaften

Rennergebnisse 1989

Ort	Schumacher	Sieger
Hockenheim	3. Platz	Frank Krämer
Nürburgring	3. Platz	Michael Bartels
Avus	3. Platz	Karl Wendlinger
Brünn	5. Platz	Michael Bartels
Zeltweg	Sieger	Michael Schumacher
Hockenheim	3. Platz	Heinz-Harald Frentzen
Wunstorf	12. Platz	Heinz-Harald Frentzen
Hockenheim	Ausfall	Karl Wendlinger
Diepholz	4. Platz	Heinz-Harald Frentzen
Nürburgring	5. Platz	Peter Zakowski
Nürburgring	Sieger	Michael Schumacher
Hockenheim	3. Platz	Michael Bartels

Endstand 1989

	Fahrer	Fahrzeug	Punkte
1.	Karl Wendlinger	Ralt Alfa Romeo	164
2.	Heinz-Harald Frentzen	Reynard 893	163
3.	Michael Schumacher	Reynard 893	163
4.	Michael Bartels	Reynard 893	150
5.	Wolfgang Kaufmann	Dallara 389	138
6.	Peter Zakowski	Reynard 893	132
7.	Ellen Lohr	BSR 389	112
8.	Michael Boppes	Martini MK 58	108
9.	Frank Krämer	BSR 389	95
10.	Ralf Kelleners	Reynard 893	75
11.	Frank Schmickler	Reynard 893	74
12.	Franz Engstler	Reynard 883	65

Rennergebnisse 1990

Ort	Schumacher	Sieger
Zolder	Ausfall	Wolfgang Kaufmann
Hockenheim	Ausfall	Otto Rensing
Nürburgring	5. Platz	Wolfgang Kaufmann
Avus	Sieger	Michael Schumacher
Wunstorf	Sieger	Michael Schumacher
Norisring	2. Platz	Otto Rensing
Zeltweg	Sieger	Michael Schumacher
Diepholz	Sieger	Michael Schumacher
Nürburgring	3. Platz	Peter Zakowski
Nürburgring	Sieger	Michael Schumacher
Hockenheim	2. Platz	Mika Häkkinen

Endstand 1990

	Fahrer	Fahrzeug	Punkte
1.	Michael Schumacher	Reynard F390	148
2.	Otto Rensing	Ralt RT 34 VW	117
3.	Wolfgang Kaufmann	Reynard F390	81
4.	Klaus Panchyrz	Reynard F390	73
5.	Jörg Müller	Reynard F390	65
6.	Peter Zakowski	Reynard F390	61
7.	Ralf Kelleners	Eufra 390 VW	50
8.	Marco Werner	Ralt RT 34 Opel	47
9.	Ellen Lohr	Ralt RT 34 VW	41
10.	Frank Kraemer	Eufra 390 Opel	40
11.	Marc Hessel	Reynard F390	34
12.	Franz Binder	Reynard F893	26

Gruppe C Sportwagen-Weltmeisterschaften

Rennergebnisse 1990

Ort	Schumacher	Sieger
Suzuka	nicht am Start	Schlesser/Baldi
Monza	nicht am Start	Schlesser/Baldi
Silverstone	nicht am Start	Brundle/Ferté
Spa	nicht am Start	Mass/Wendlinger
Dijon	2. Platz	Schlesser/Baldi
Nürburgring	2. Platz	Schlesser/Baldi
Donington	nicht am Start	Schlesser/Baldi
Montreal	nicht am Start	Schlesser/Baldi
Mexico-City	Sieger	Mass/Schumacher

Sieger der WM wurde Mercedes mit den Fahrern Jean-Louis Schlesser, Mauro Baldo (je 49,5 P.) und Jochen Mass (48). Michael belegte mit 21 Punkten Rang 5 - mit Karl Wendlinger und Jan Lammers.

Rennergebnisse 1991

Ort	Schumacher	Sieger
Suzuka	Ausfall	Baldi/Alliot
Monza	Ausfall	Warwick/Brundle
Silverstone	2. Platz	Fabi/Warwick
Le Mans	5. Platz	Weidler/Herbert/Gachot
Nürburgring	Ausfall	Warwick/Brabham
Magny Cours	Ausfall	Rosberg/Dalmas
Mexico-City	Ausfall	Rosberg/Dalmas
Autopolis	Sieger	Schumacher/Wendlinger

Die WM 91 ging an Jaguar (mit Teo Fabi und Derek Warwick). Jochen Mass und Jean-Louis Schlesser kamen auf Rang 6 (je 45 P.). Michael wurde mit 43 Punkten Neunter.

GOODYEAR
MILD SEVEN
Ford
TECHNOGYM

DIE ZEIT MIT BENETTON

IN VIER JAHREN ZUR LEGENDE

Das Glück strahlt aus seinen Augen: Michael Schumacher hat den Grand Prix von Belgien 1994 gewonnen. Es ist in diesem Jahr sein achter Sieg in elf Rennen – ein Sieg, der ihm Stunden später am Funktionärstisch genommen wird. Vier Rennen werden 1994 nicht gewertet – dennoch holt er seinen ersten Titel.

Gerade fünfmal hatte das Benetton-Team in zehn Jahren gesiegt. Ein Weltmeistertitel schien außer Reichweite. An Michael Schumacher glaubte im Team anfangs keiner so recht. Knappe fünf Jahre später war Michael der jüngste Doppelweltmeister aller Zeiten und das Team feierte den ersten Konstrukteurstitel seiner Geschichte.

Die ganze Szene hatte etwas Surreales. Ort der Handlung war die mondäne Villa d'Este, ein Nobelhotel am Comer See. Anwesend war an jenem Augusttag des Jahres 1991 ein Großteil der Creme der Königsklasse. Der große Formel-1-Zampano Bernie Ecclestone führte das Wort. Mit von der Partie war Flavio Briatore, Chef des Mittelklasseteams Benetton. Ihm gegenüber saß Eddie Jordan, Eigner des gleichnamigen Teams, das gerade neu in die Formel 1 eingestiegen war. Er wurde unterstützt von Ian Phillips, dem Mann für Finanzen und Sponsoren bei Jordan. Auf keinen Fall unerwähnt bleiben dürfen Mercedes-Sportchef Jochen Neerpasch und Schumacher-Manager Willi Weber. Eine eher untergeordnete Rolle spielte der brasilianische Rennfahrer Roberto Moreno. Dabei ging es um seinen Sitzplatz im Benetton. Den sollte Roberto freimachen – für einen jungen deutschen Nachwuchsrennfahrer.

Die Stimmung war gereizt bis explosiv. Verträge wurden diskutiert, Entwürfe, „Letters of intend" und Zahlungsverpflichtungen. Einstweilige Verfügungen wurden angedroht und erwirkt. Und jetzt das Surreale: Der ganze Hickhack dieser erstrangigen Besetzung galt einem Rennfahrer, der gerade einmal 400 Meter Formel-1-Rennerfahrung hatte: Michael Schumacher.

Das Problem war: Die wenigen Meter hatte der Kerpener in einem Jordan-Ford zurückgelegt. Die nächsten Jahre sollte Schumacher aber in einem Benetton-Ford an den Start gehen.

Formel-1-Fahrer im Gefängnis

Die Ursache für die verzwickte Situation lag einige Wochen zurück. Der belgische Jordan-Pilot Bertrand Gachot hatte sich gemüßigt gefühlt, in London einen Taxifahrer mit Reizgas zu besprühen – was von der britischen Justiz mit einer Gefängnisstrafe geahndet wurde. Schlagartig stand Gachots Cockpit zur Disposition.

Auf solch eine Chance hatte Schumacher-Förderer Neerpasch gewartet. Jordan schien genau das richtige für einen Formel-1-Einstieg seines Schützlings: Ein kleines Team mit einem vielversprechenden Auto, mit dem man Erfolge einfahren konnte, aber nicht mußte.

450.000 Mark verlangte das Schlitzohr Eddie Jordan für Schumachers Formel-1-Premiere, die im belgischen Spa-Francorchamps stattfinden sollte. Hektisch versuchte Schumachers Umfeld, das viele Geld aufzutreiben. Manager Willi Weber war bereit, für die Summe zu bürgen. Dann schossen Michaels Sportwagen-Arbeitgeber Peter Sauber und Jochen Neerpasch den Betrag vor – Michael durfte zu ersten Schnupperrunden nach Silverstone fliegen.

Wo er prompt das Jordan-Team in Panik versetzte. Nach wenigen Runden holte man ihn von der Strecke. Begründung: „Viel zu schnell." Michael verständnislos: „Wieso? Ich habe doch noch gar nicht richtig Gas gegeben."

Dann kam Spa, Michaels Debütrennen. Keine 100 Kilometer von seinem Heimatort Kerpen entfernt. Auf dem Weg dorthin mußte Michael anhalten und einen Freund anrufen: „Wie finde ich bloß zur Strecke? Ehrlich gesagt, kenne ich Spa gar nicht."

Eddie Jordan stand sein Toupet zu Berge, als auch er langsam dahinterkam, daß Michael keinen blassen Schimmer von der belgischen Rennstrecke hatte. Der clevere Weber hatte ihm erst vor wenigen Tagen eingeredet, daß Michael dieses Spa, das doch so nah bei Kerpen läge, wie seine Westentasche kennen würde. Jordan wurde unsicher, besann sich dann aber der Testfahrten: Hier warte ein Rohdiamant auf seine Fassung, und er, Eddie Jordan, würde ihm diese Fassung schon verpassen.

Es folgte eine kleine Sensation: Wer am Rennsonn-

25. August 1991: Mit dem Erlöschen der Startampeln begann Michael Schumachers Formel-1-Karriere. Auch wenn beim Großen Preis von Belgien sein grüner Jordan (Nr. 12) nur 400 Meter weit kam.

tag zu Michaels Startplatz gehen wollte, hatte einen kurzen Weg. Er mußte nur an Ayrton Senna vorbei und an Alain Prost, an Nigel Mansell und Gerhard Berger, an Jean Alesi und Nelson Piquet – und dann kam schon Michael. Startplatz sieben im Premierenrennen – Senna kommentierte gönnerhaft: „Wer in seinem ersten Rennen so anfängt, muß schon was Besonderes sein.“ Leider verreckte nach 400 Metern der grüne Jordan.

EDDIE JORDAN WITTERTE SUPERDEAL

Aber Eddie Jordan hatte Sennas Wort im Ohr. Der clevere Ire wollte seinen Vertrag mit Schumacher in trockene Tücher bringen. Und was das für ein Vertrag werden sollte, Eddie lief das Wasser im Munde zusammen: Drei Jahre sollte Schumacher für Jordan fahren, jedes Jahr hatte Mercedes acht Millionen Mark zu bezahlen. Ein Superdeal für Eddie, der zwar in den Formeln 3 und 3000 alles abgeräumt hatte, aber in der Königsklasse sein Premierenjahr absolvierte. Für das viele Geld durften die Stuttgarter ihren Michael immerhin jederzeit zurückbeordern – für den Fall, daß Mercedes selber in die Formel 1 einsteigen würde.

Vor dem Großen Preis von Italien sollte der Vertrag unterschrieben werden. Da aber wußten die Mannen um Neerpasch bereits, was eigentlich keiner wissen sollte: Jordan würde 1992 auf Yamaha-Motoren wechseln. Und das war jedem klar: Wer Yamaha fährt, muß zwar für die Motoren nichts

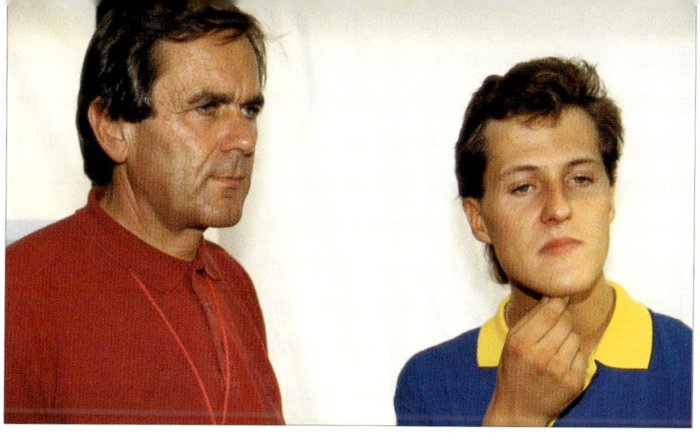

Mercedes-Rennleiter Jochen Neerpasch kaufte Michael das Cockpit.

Formel-1-Neueinsteiger Eddie Jordan witterte ein Millionengeschäft.

Flavio Briatore feuerte für Michael den Brasilianer Roberto Moreno.

bezahlen, wird mit diesen Luftpumpen aber nie und nimmer vorne mitfahren können. Also konnte die Devise nur heißen: Nix wie weg von Jordan.

BERNIE WOLLTE EINEN DEUTSCHEN

An dieser Stelle trat Bernie Ecclestone auf den Plan. Außer einer schnellen Frau und einem Schwarzen war ein siegverdächtiger Vertreter der Autonation Deutschland das dritte Element, das er unbedingt für seinen Zirkus suchte. Er wollte sich das Goldstückchen nicht in letzter Sekunde von einem schwachbrüstigen Motor zuschanden machen lassen.

Ecclestone setzte seine ganze Autorität ein und lancierte Schumacher zu Benetton. Noch heute versichert er: „Ich war es, der damals Michael zu Benetton gebracht hat. Die Benetton-Leute wollten ihn doch gar nicht. Die sagten nur immer: ‚Nein, nein, der ist zu unerfahren, keiner kennt ihn.‘ Aber ich habe wie verrückt gepuscht, um ihn da rein zu kriegen.“

Ecclestone gelang der Schachzug beim eingangs erwähnten Vertragspoker am Comer See. Moreno erhielt einen größeren Scheck und einen Vertrag für die nächsten beiden Rennen im Jordan. Eddie mußte sich eingestehen, daß er einen der wenigen Fehler seiner Teamchef-Karriere gemacht hatte – durch eine Vertragslücke verlor er seinen Rohdiamanten zum Nulltarif an den Erzkonkurrenten Briatore.

Nur einer bekam von dem ganzen Hickhack herzlich wenig mit. Noch wenige Tage vor dem Rennwochenende in Monza sagte Michael ehrlichen Herzens zu Journalisten: „Ich freue mich riesig darauf, in Monza das Jordan-Team wiederzusehen. Wir haben uns unheimlich gut verstanden. Das familiäre Verhältnis dieser Truppe erinnert mich total an meine beiden Jahre beim WTS-Team in der Formel 3, wo ich mich wirklich wohl gefühlt habe.“

„EIN SCHNELLES GESCHÄFT“

Der Deutsche reiste in Monza als Jordan-Pilot an und saß am Freitag in einem Benetton. Michael abgeklärt: „Die Formel 1 ist nun mal ein extrem hartes und in jeder Beziehung schnelles Geschäft.“

Fünf Rennen standen noch auf dem Programm, drei davon beendete Schumacher in den Punkten. Das bemerkenswerteste war: Mit einer Ausnahme besiegte Michael in seinem Einstiegsjahr stets seinen Teamkollegen im Qualifying.

Dieser Teamkollege hieß immerhin Nelson Piquet, und der hatte Michael einiges voraus: der Brasilianer war bereits dreifacher Weltmeister.

Barcelona 92: Michael wird zum „Regenkönig" gekürt. Er fuhr hinter WM-Star Nigel Mansell einen sensationellen dritten Platz heraus.

1992

Nach Michaels vielversprechendem Einstieg freuten sich alle auf die Saison 1992. Sie sollte sowohl für Benetton wie auch für Schumacher einen wichtigen Schritt auf dem langen Weg an die Spitze darstellen. Und dann kam mal wieder alles ganz anders.

Bei Benetton-Testfahrten im südfranzösischen Le Castellet explodierte eine Bombe: Öffentlich verkündete das Sauber-Team, es gedenke, ab 1993 in der Formel 1 an den Start zu gehen. Auch der Name des Fahrers wurde genannt: Michael Schumacher.

Nanu? Das Benetton-Team hatte einen Vertrag mit Schumacher bis Ende 1995. Michael konnte aus der Verpflichtung nur aussteigen, wenn Mercedes ihn für Formel-1-Einsätze rief. Aber der neue Mercedes-Vorstand hatte entschieden, den geplanten Einstieg in die Formel 1 abzublasen.

Michael vor dem Rausschmiss

Flavio Briatore war stark angesäuert. Sauber-Ilmor sei, auch wenn „Concept by Mercedes" auf dem Auto stand, kein Mercedes. Also habe Michael bei Benetton zu bleiben.

Der Technische Direktor von Benetton, Tom Walkinshaw, reagierte harsch. Von Michaels Benetton mit der Startnummer 19 wurde der Schumacher-Namenszug entfernt, die Box blieb leer, der Test wurde abgesagt und Michael drohte man: Wenn du 1993 für Sauber fahren willst, kannst du sofort deine Koffer packen.

Hinter den Kulissen entstand eine Rangelei, die der von Monza aus dem Vorjahr kaum nachstand. Und wieder blieb Benetton Sieger. Sauber und Mercedes zogen den Schwanz ein: „Wir wollen Michaels Karriere nicht im Wege stehen", versicherte die deutsch-schweizerische Allianz.

Endlich konnte man bei Benetton daran gehen, die Saison 1992 in Angriff zu nehmen. Was voll und ganz gelang: Zum Auftaktrennen in Kyalami ein vierter Platz, dann zweimal hintereinander, in Mexiko-City und in São Paulo, als Dritter auf dem Treppchen, dann in Barcelona ein zweiter Platz.

Dieser zweite Platz war besonders wichtig. Denn in Spanien stellte Benetton seinen neuen Wagen vor, den B 192. Michael erleichtert: „Der Neue ist auf Anhieb ein ‚Frontrunner', und nun bin ich mir endgültig sicher, daß ich beim richtigen Team bin." Die Zeit war reif für höhere Aufgaben. Für so hohe Aufgaben, daß ein Konflikt mit dem bisherigen Platzhirschen in der Formel 1, Ayrton Senna, unausweichlich war.

Den ersten Schlagabtausch eröffnete Michael Schumacher ausgerechnet in Brasilien, wo er Senna öffentlich angriff: „Ich weiß nicht, welches Spiel das sein sollte, das Senna mit mir gespielt hat. Ich weiß nur, daß es eines Weltmeisters unwürdig war."

Michael war der Meinung, Senna habe ihn absichtlich behindert. Dafür konnte dann Senna in Frankreich der Meinung sein, daß ihn Schumacher im Gerangel der ersten

In Hockenheim wurde Ayrton Senna 1992 von Michael naß gemach

…utsche Rookie überflügelte die F1-Ikone in der WM-Gesamtwertung.

Runde abgeschossen hatte. Michael wiederum dachte bei Tests auf dem Hockenheimring, Senna wolle provozieren, worauf er sofort mit einem Revanchefoul konterte. Der Eklat war da: Senna kam in die Benetton-Box gestürmt und ging dem Jungspund an den Kragen. Michael versuchte, die ganze Sache runterzuspielen: „Senna wollte mir doch nur den Nacken massieren."

In Hockenheim stand dann noch eine richtige Massage an, nämlich eine Seelenmassage. Vor heimischem Publikum zusammen mit Mansell und Senna auf dem Podest – nur zum Teil gelang es Michael, nicht in Tränen auszubrechen.

Wer dachte, daß das der emotionale Höhepunkt der Saison werden sollte, sah sich getäuscht. Der sollte erst in Belgien kommen.

Meisterprüfung in Spa

In Spa-Francorchamps, auf einer Strecke, die man Jahre später die „Schumacher-Strecke" nennen wird, bei einem Wetter, das man Jahre später „Schumacher-Wetter" nennen wird, gelang dem jungen Schumacher nach vielen Gesellenstücken nun die Meisterprüfung: Indem er mitten im Rennen, von Teamkollege Martin Brundle gehetzt, von der Strecke flog.

Was nun folgte, war Schumacher pur. Erstens: Er schaffte es, wieder auf die Strecke zurückzurödeln. Zweitens: Michael fand noch genügend Zeit, beim vorbeihuschenden Brundle die Hinterreifen zu studieren: „Die begannen, Blasen zu ziehen. Da wir eine fast gleiche Abstimmung fuhren und im Rennen gleich schnell waren, konnten meine Reifen nicht viel besser aussehen. Deswegen bin ich so schnell wie möglich an die Box gefahren, um mir einen neuen Satz zu holen."

Es war diese Finesse, die ihm den ersten Sieg einbrachte. Exakt ein Jahr nach seinem sensationellen Debüt stand Michael Schumacher ganz oben auf dem Treppchen. Ganz langsam begriff man in Deutschland, daß es neben König Fußball und Boris Becker künftig noch ein weiteres sportliches Großereignis geben könnte.

Nach dem Saisonfinale in Adelaide kehrte Michael Schumacher als WM-Dritter nach Hause zurück. In seinem ersten vollen Formel-1-Jahr hatte er sogar Ayrton Senna geschlagen – der Vorjahresweltmeister brachte drei Punkte weniger in die Bilanz ein. Unerreichbarer Spitzenreiter war in diesem Jahr 1992 allerdings Nigel Mansell auf dem überlegenen Williams-Renault.

Michael wußte, daß seine Tage in Deutschland gezählt waren: Monaco rief. „Nachdem wildfremde Leute in Kerpen bei mir im Garten standen und mitgrillen wollten, war mir klar, daß ich Deutschland verlassen mußte." Ende 1992 faßte Michael den Umzug ins Fürstentum ins Auge.

Ein ganz anderer Umzug zeigte, daß Michael und Benetton endgültig in die erste Liga der Formel 1 wollten. Das Benetton-Team siedelte innerhalb Englands um. Der supermoderne Bau in Enstone ließ keine Wünsche offen.

Wer sein Auto liebt, der schiebt: Der Saisonauftakt 1993 in Kyalami zeigte Michael, welches Arbeitspensum noch vor dem Team lag.

1993

Selbstbewußt gingen Schumacher und seine Benetton-Truppe in die Saison 1993. Ihnen schien klar: Gegen die elektronisch hochgerüsteten Williams unter Alain Prost und Damon Hill würden sie keine Chance haben. Aber sie wollten den zweiten Rang markieren.

Härtester Konkurrent auf dieser Ebene war McLaren mit Ayrton Senna. Dem erfolgverwöhnten Team waren die Honda-Motoren abhanden gekommen, man vertraute 1993 wie Benetton dem Ford-Achtzylinder. Ford versprach Gleichbehandlung beider Teams.

Von Senna distanziert

Das Auftaktrennen in Südafrika holte die Benetton-Mannschaft rüde auf den Boden der Tatsachen. McLaren-Pilot Ayrton Senna distanzierte Schumacher im Training um über eine Sekunde. Und im Rennen demonstrierte der Brasilianer, wie man eine Tür zumacht, von der Jung-Schumacher dachte, sie sei ein ganz klein bißchen offen. „Komplett mein Fehler. Ich hätte mir mit dem Überholen viel mehr Zeit lassen müssen", gab ein desillusionierter Benetton-Pilot zu.

Was machte die Saison 1993 so schwierig? Nach dem sensationellen Einstieg in die Formel 1 1991 und dem schnellen ersten Sieg im Vorjahr galt es nun für Schumacher, seine Anwartschaft auf die Rolle eines der wenigen Spitzenpiloten zu untermauern.

Einfacher gesagt als getan: Zum einen mußte der Deutsche neidisch mit ansehen, wie Williams und McLaren mit ihrer elektronischen Traktionskontrolle einen wertvollen Vorsprung dank Technik hatten. Das Benetton-Team brauchte bis zum Großen Preis von Monaco, um halbwegs gleichzuziehen.

Beim Großen Preis von Deutschland trug der Jubel seiner 150.000

Zum anderen mußte Schumacher hilflos akzeptieren, daß ein mit allen Wassern gewaschener Ayrton Senna Rennen für Rennen dafür sorgte, den Exklusivvertrag zwischen Benetton und Ford aufzuweichen. Obwohl Ford beiden Teams die gleichen Motoren liefern sollte, bevorzugte der amerikanische Motorenhersteller immer stärker das McLaren-Team mit dem brasilianischen Superstar.

Technik 93: Noch Fußkupplung.

Tatsächlich konnte Senna mit unterlegenem Material fünf Rennen gegen die übermächtigen Williams gewinnen. Sehr bescheiden nahm sich dagegen Schumachers einziger Sieg beim Großen Preis von Portugal aus. Senna war 1993 das Maß der Dinge und Schumacher mußte noch viel lernen.

Neuer Vertrag

Zum Beispiel, wie man sich als Fahrer ins Vertragsgespräch bringt. Senna wollte McLaren zu Saisonende verlassen – sein Traumteam war Williams. Clever brachte er sich deshalb erst einmal bei Benetton ins Gerede. Schumacher konnte einem Team Senna/Schumacher aber gar nichts abgewinnen und reagierte gereizt: „Ein Team sollte sich auf einen Spitzenmann konzentrieren.“ Daß Schumacher dabei nicht an Senna gedacht hatte, lag auf der Hand...

Benetton befolgte den Rat, schloß einen neuen Dreijahresvertrag mit dem Deutschen ab. Briatore legte rund 18 Millionen Dollar für diesen Zeitraum beiseite. Ayrton Senna unterschrieb für das nächste Jahr bei Williams.

Zum Ende der Saison hatte der Brasilianer noch den Vizetitel für sich retten können. Er schob sich im Klassement zwischen die Williams-Piloten Alain Prost und Damon Hill. Michael Schumacher wurde Vierter. Das konnte den deutschen Shootingstar nicht befriedigen.

ael auf Platz Zwei. Selbst die Ferraristi schwenkten begeistert ihre Fahnen, als der Deutsche den McLaren Ayrton Sennas hinter sich ließ.

DIE BENETTONS

1985 kaufte der Pulloverfabrikant Luciano Benetton das erfolglose britische Team Toleman auf. Vier Jahre später feuerte er den übernommenen Teammanager Peter Collins und setzte seinen Angestellten Flavio Briatore an die Teamspitze. Trotz der Verpflichtung des dreifachen Weltmeisters Nelson Piquet und des Konstrukteur-Genies John Barnard gelang dem Team nicht der Durchstoß zur Spitze.

1991 kamen drei neue Männer zu Benetton: Tom Walkinshaw als Co-Eigner, Ross Brawn als Konstrukteur – und Michael Schumacher. Nach vier Jahren wurde die gemeinsame Arbeit mit Michaels zweitem Meistertitel und dem Gewinn der Konstrukteursmeisterschaft gekrönt.

Walkinshaw besitzt mittlerweile ein eigenes Team (Arrows), Brawn folgte Michael zu Ferrari. Und Flavio Briatore mußte eingestehen, daß Benetton ohne Schumacher keine Titelchancen mehr hat. Vor Ende der Saison 97 verließ der Italiener den Rennstall. Er wird künftig von Benetton-Sohn Alessandro und dem Briten David Richards (früher Rallye- und Tourenwagen) gemanagt.

Teameigner Luciano (r.) und Alessandro Benetton mit Briatore.

ERFOLGSBILANZ TEAM BENETTON

(Hieß von 1981-1985 Toleman)

Gefahrene Grand Prix: 235, Pole-Positions: 15, Siege: 27

Jahr	Motor	Fahrer	Rang	Punkte
1981	Hart Turbo	B. Henton/D. Warwick	–	–
1982	Hart Turbo	D. Warwick/T. Fabi	–	–
1983	Hart Turbo	D. Warwick/B. Giacomelli	9	10
1984	Hart Turbo	A. Senna/J. Cecotto/ S. Johansson/P. Martini	7	16
1985	Hart Turbo	T. Fabi/P. Ghinzani	–	–
1986	BMW Turbo	T. Fabi/G. Berger	6	19
1987	Ford Turbo	T. Boutsen/T. Fabi	5	28
1988	Ford	A. Nannini/T. Boutsen	3	39
1989	Ford	A. Nannini/J. Herbert/E. Pirro	4	39
1990	Ford	A. Nannini//N. Piquet/R. Moreno	3	71
1991	Ford	N. Piquet/R. Moreno/ M. Schumacher	4	38,5
1992	Ford	M. Schumacher/M. Brundle	3	91
1993	Ford	M. Schumacher/R. Patrese	3	72
1994	Ford	M. Schumacher/JJ Lehto/ J. Verstappen/J. Herbert	2	103
1995	Renault	M. Schumacher/J. Herbert	1	137
1996	Renault	J. Alesi/G. Berger	3	68
1997	Renault	J. Alesi/G. Berger/ A. Wurz	3	67

1994

Für die Saison 1994 stellte das Benetton-Team ein Auto auf die breiten Gummiwalzen, das Schumacher außer Fassung brachte: „Mit Abstand das beste Auto, das ich je gefahren bin."

Dementsprechend war auch der Saisonanfang in Brasilien: Sieg über Senna auf einem Williams.

Der haushohe Favorit fiel durch einen Fahrfehler aus. Auch beim zweiten Lauf in Japan gewann Schumacher, Senna blieb nach einem Startunfall erneut punktelos. Gespannt warteten die Fans darauf, ob Schumacher auch mit dem Beginn der europäischen Saison in Imola seinen Konkurrenten in Schach halten konnte.

Vom Jäger zum Gejagten

Das Schicksal hatte andere Pläne: Mit Senna, der in der berüchtigten Tamburello-Kurve zu Tode stürzte. Aber auch mit Michael Schumacher: Aus dem Jäger wurde der Gejagte. Mit seinem dritten Sieg in Folge war er plötzlich der Meisterschaftskandidat. Wer in der Formel 1 was werden wollte, mußte nun den Benetton-Piloten schlagen.

Weil das immer weniger Piloten auf der Strecke gelang, griffen einige Gegner ganz tief in die Kiste mit den dreckigen Tricks. Als Michael den Großen Preis von Spanien auf Rang zwei beendete – mit einem Getriebe, das nur noch den fünften Gang zur Verfügung stellte – fingen die Verdächtigungen an: „Wer nur mit einem Gang so schnell wie die anderen auf intakten

Streckenposten gratulierten Mich

Das Verhältnis zwischen Ayrton

94 in Monaco. Vierter Sieg in Folge – der Deutsche schien in diesem Jahr unschlagbar. Aber er mußte kämpfen bis zum letzten Rennen.

Michael hatte sich 1994 entspannt.

In Jerez zwang Ecclestone die Rivalen Schumacher und Hill zum Fototermin. Michael bedankte sich.

Autos fährt, muß betrügen." Zwei Rennen später bekam der unterstellte Betrug einen Namen: Traktionskontrolle. Benetton benutze immer noch die mittlerweile verbotene Technik, hieß es.

Schlimmer noch: Nach dem Großen Preis von England erhielt Schumacher eine Zwei-Rennen-Sperre wegen Überfahrens der schwarzen Flagge. Hilflos mußte er bei den Großen Preisen von Italien und Portugal mit ansehen, wie Konkurrent Damon Hill bis auf einen einzigen Punkt an den einstmals souverän Führenden herankam.

Doch die Saison 1994 hatte noch weitere Nackenschläge auf Lager. Auf dem Hockenheimring saß Teamkollege Jos Verstappen beim Nachtanken plötzlich in einem Flammenmeer – anschließende Untersuchungen ergaben, daß Benetton einen Filter der Tankanlage manipuliert hatte. Und in Spa-Francorchamps wurde Schumacher der Sieg wegen eines Holzbrettes am Unterboden aberkannt. Es war einen Millimeter dünner als vorgeschrieben. Traktionskontrolle, schwarze Flagge, Benzinfilter und Unterboden – Benetton kam aus den Schlagzeilen nicht raus. Die Zeitungen schrieben vom „Schummel-Schumi".

Michael brauchte unbedingt eine neue Standortbestimmung. Während seiner Zwei-Rennen-Sperre zog er sich zum Fitneß-Bolzen in die Schweiz zurück. Und stand ständig über Handy mit Manager Weber in Verbindung. Der ging dann in die Vollen: Benetton finge an, dem Ruf von Schumacher zu schaden. Webers Ziel war eine Verkürzung des gerade erst verlängerten Vertrages auf eine Laufzeit bis Ende 1995, dafür eine Verdoppelung des Gehaltes. Weber war erfolgreich. Schumacher hatte die langjährige Gewerkschaftsforderung – weniger arbeiten, mehr verdienen – erfolgreich in die Tat umgesetzt. So ging er in die letzten Rennen. Ein Sieg über Hill in Jerez und eine Niederlage gegen Hill in Suzuka verschoben die Entscheidung auf den letzten Lauf in Adelaide.

Wo Schumacher einen seiner schwersten Fehler beging. Von Hill schwer unter Druck gesetzt, krachte er in die Mauer. Hill, der den Unfall nicht sehen konnte, versuchte Schumacher zu überholen, der aber machte die Tür zu – beide fielen aus.

Weltmeister in zwölf Rennen

Schumacher wurde mit einem Punkt Vorsprung Weltmeister: „Klar, ich hätte lieber das Rennen im Zweikampf mit Hill beendet, statt die WM mit einer Kollision zu gewinnen. Und trotzdem glaube ich, daß ich den Titel verdient habe. Ich habe Senna in Brasilien geschlagen. Keiner hat dieses Jahr mehr Rennen gewonnen als ich. Und ich mußte meine Punkte in nur zwölf Rennen einfahren."

Siege, die man lange erklären muß, sind keine. Und deswegen ging Michael Schumacher nach der gerade gewonnenen Weltmeisterschaft mit einer ungeheuren Motivation in die Saison 1995. Ein zweiter Titel sollte die Fragezeichen der vorherigen Saison ausradieren.

In Adelaide entschied sich die WM 1994. Nach einer Radberührung

Pressekonferenz nach der Entscheidung: Weltmeister Schumacher str

nachers Benetton in die Reifenstapel. Aber auch Hills Wagen war beschädigt.

Michael feierte mit seinem Team den ersten Weltmeistertitel.

nfalls der Sieger des Rennens, Nigel Mansell. Der geschockte Vize-Weltmeister Damon Hill hoffte auf eine neue Chance im nächsten Jahr.

1995

Tragisch, daß die neue Saison anfing, wie die alte beendet wurde: Mit üblen Schlagzeilen. In Brasilien standen Schumacher und sein Benetton-Team trotz seines überragenden Sieges im Zentrum eines Benzinskandals – gemeinsam mit Williams.

Viele dachten, daß die Formel 1 nie wieder aus den Negativschlagzeilen herauskommen sollte. Im tagewährenden Gerüchtedschungel ging ganz unter, wie souverän Michael dieses erste Rennen gewann: Mit Ausnahme von David Coulthard im Williams überrundete er das komplette Feld.

Dennoch, Michael war alles andere als zufrieden mit dem neuen B 195. Statt des alten Ford-Achtzylinders röhrte in diesem Jahr der Renault-Zehnzylinder im Benetton – der gleiche Motor wie im Williams. Doch Michael empfand die Symbiose des Supermotors mit dem Benetton-Chassis nur als bedingt konkurrenzfähig: „Der Wagen benimmt sich absolut unvorhersehbar. Nicht ich fahre das Auto, sondern das Auto mich“, schimpfte Schumacher.

Um so höher war einzustufen, daß Michael es schaffte, das Ruder herumzuwerfen. Insgesamt neun Siege konnte der Benetton-Pilot erringen. Der Sieg auf dem Hockenheimring – sein

Märchenhochzeit auf dem Petersberg: Am 5. August 1995 heiratete Michael seine Corinna. Am Tag danach kündigte er bei Benetton.

Freudenhüpfer: Im japanischen Aida wurde Michael zum Doppelweltmeister. Dafür strapazierte Flavio Briatore gern seine Bandscheiben.

Triumphszene: Auf dem Nürburgring drängte sich ein entfesselt fahrender Schumacher an Alesis Ferrari vorbei. 100.000 feierten ihn.

Zu neuen Ufern: Nach dem Großen Preis von Japan warf Michael einen letzten Blick auf den Benetton seines Teamkollegen Johnny Her

großer Traum – war der emotionalste. Der erste Platz in Spa war der überraschendste: Nach Wetter- und Getriebekapriolen im Qualifying war Michael nur von Platz 16 gestartet – eine Stunde und 36 Minuten später sah er als erster die Zielflagge.

Ein Meisterstück aus Taktik, Fahrzeugbeherrschung und Wagemut war sein Triumph beim Großen Preis von Europa auf dem Nürburgring – ein brillant geschriebenes Kapitel Motorsportgeschichte. Als Michael sich unter tosendem Applaus der 100.000 Zuschauer am führenden Alesi vorbeidrängte, zollte sogar der abgeflogene Damon Hill vom Pistenrand aus Beifall. Beim nächsten Rennen in Aida nahm Michael mit einem weiteren Sieg Hill die letzte theoretische Chance auf den Titel: Drei Läufe vor Schluß stand er als Weltmeister 1995 fest. Am Saisonende hatte er stolze 33 Punkte Vorsprung auf Damon Hill.

Alle Kritiker verstummten

Michael Schumacher war der jüngste Doppelweltmei-

wei Weltmeistertiteln im Gepäck verließ der beste Rennfahrer der neunziger Jahre Flavio Briatores Stall. Zugabe: der Konstrukteurstitel.

ster aller Zeiten, seine Triumphfahrten der Saison 1995 ließen alle Kritiker verstummen. Sein Einsatz und seine Geschicklichkeit sicherten Benetton den ersten Konstrukteurstitel der Teamgeschichte. In den viereinhalb Jahren der gemeinsamen Zusammenarbeit hatte er all seine Teamkollegen – Nelson Piquet, Martin Brundle, Riccardo Patrese, JJ Lehto, Jos Verstappen und Johnny Herbert – bis zur Unerträglichkeit vorgeführt. Wohin man auch blickte, weit und breit war seit Ayrton Sennas Tod keine Fahrerpersönlichkeit zu erspähen, an der sich Schumacher hätte messen können.

Wenn Schumacher sich weiterentwickeln wollte, mußte er sich selber fordern. „Ich brauche eine neue Motivation", ließ er seinen Manager Willi Weber Mitte der Saison wissen. Der hörte die Signale und stellte die Weichen. Was vor gerade einmal vier Jahren in der Villa d'Este am Comer See begann, wurde nur wenige Kilometer weiter – in Maranello – fortgesetzt: Die Erfolgsstory des Kerpeners Michael Schumacher.

MICHAELS BENETTON-JAHRE

Gleich in seiner ersten vollen Saison schlug Michael Schumacher den dreifachen Weltmeister Ayrton Senna. Damit wurde deutlich, daß in der Formel 1 eine neue Ära begonnen hatte. Das Duell der Giganten dauerte nicht lange – Ayrton Senna verunglückte 1994. Für Michael Schumacher gab es keinen gleichwertigen Gegner mehr. 1996 suchte er eine neue Herausforderung.

Ergebnisse 1991

25.8., Belgien (Spa-Francorchamps)
Pole: Senna (BR), McLaren-Honda
1. Senna (BR), McLaren-Honda
2. Berger (A), McLaren-Honda
3. Piquet (BR), Benetton-Ford
Schumacher (D): Ausfall, 1. Runde

8.9., Italien (Monza)
Pole: Senna (BR), McLaren-Honda
1. Mansell (GB), Williams-Renault
2. Senna (BR), McLaren-Honda
3. Prost (F), Ferrari
5. Schumacher (D), Benetton-Ford

22.9., Portugal (Estoril)
Pole: Patrese (I), Williams-Renault
1. Patrese (I), Williams-Renault
2. Senna (BR), McLaren-Honda
3. Alesi (F), Ferrari
6. Schumacher (D), Benetton-Ford

29.9., Spanien (Granollers)
Pole: Berger (A), McLaren-Honda
1. Mansell (GB), Williams-Renault
2. Prost (F), Ferrari
3. Patrese (I), Williams-Renault
6. Schumacher (D), Benetton-Ford

20.10., Japan (Suzuka)
Pole: Berger (A), McLaren-Honda
1. Berger (A), McLaren-Honda
2. Senna (BR), McLaren-Honda
3. Patrese (I), Williams-Renault
Schumacher (D): Ausfall, 35.Runde

3.11., Australien (Adelaide)
Pole: Senna (BR), McLaren-Honda
1. Senna (BR), McLaren-Honda
2. Mansell (GB), Williams-Renault
3. Berger (A), McLaren-Honda
Schumacher (D), Unfall, 6.Runde

Fahrer-WM

1. A. Senna (BR), McLaren-Honda	96
2. N. Mansell (GB), Williams-Renault	72
3. R. Patrese (I), Williams-Renault	53
4. G. Berger (A), McLaren-Honda	43
5. A. Prost (F), Ferrari	34
6. N. Piquet (BR), Benetton-Ford	26,5
7. J. Alesi (F), Ferrari	21
8. S. Modena (I), Tyrrell-Honda	10
9. A. de Cesaris (I), Jordan-Ford	9
10. R. Moreno (BR), Minardi-Ferrari	8
11. P. Martini (I), Minardi-Ferrari	6
12. JJ Lehto (FIN), Dallara-Judd	4
B. Gachot (B), Jordan-Hart	4
M. Schumacher (D), Benetton-Ford	4
15. M. Häkkinen (FIN), Lotus-Judd	2
M. Brundle (GB), Brabham-Yamaha	2
S. Nakajima, (J), Tyrrell-Honda	2
18. J. Bailey (GB), Lotus-Judd	1
E. Bernard (F), Lola-Ford	1
I. Capelli (I), Leyton-House-Ilmor	1
A. Suzuki (J), Lola-Ford	1
E. Pirro (I), Dallara-Judd	1
M. Blundell (GB), Brabham-Yamaha	1
24. G. Morbidelli (I), Ferrari	0,5

Konstrukteurs-WM

1. McLaren-Honda (139), **2.** Williams-Renault (125), Ferrari (55,5), **3.** Benetton-Ford (38,5), **4.** Jordan-Ford (13), **5.** Tyrrell-Honda (12), **6.** Minardi-Ferrari (6), **7.** Dallara-Judd (5), **8.** Lotus-Judd, Brabham-Yamaha (je 3), **10.** Lola-Ford (2), **11.** Leyton House-Ilmor (1)

Ergebnisse 1992

1.3., Südafrika (Kyalami)
Pole: Mansell (GB), Williams-Renault
1. Mansell (GB), Williams-Renault
2. Patrese (I), Williams-Renault
3. Senna (BR), McLaren-Honda
4. Schumacher (D), Benetton-Ford

22.3., Mexiko (Mexiko-City)
Pole:
Mansell (GB), Williams-Renault
1. Mansell (GB), Williams-Renault
2. Patrese (I), Williams-Renault
3. Schumacher (D), Benetton-Ford

5.4., Brasilien (Sao Paulo)
Pole:
Mansell (GB), Williams-Renault
1. Mansell (GB), Williams-Renault
2. Patrese (I), Williams-Renault
3. Schumacher (D), Benetton-Ford

3.5., Spanien (Barcelona)
Pole:
Mansell (GB), Williams-Renault
1. Mansell (GB), Williams-Renault
2. Schumacher (D), Benetton-Ford
3. Alesi (F), Ferrari

17.5., San Marino (Imola)
Pole:
Mansell (GB), Williams-Renault
1. Mansell (GB), Williams-Renault
2. Patrese (I), Williams-Renault
3. Senna (BR), McLaren-Honda
Schumacher: Unfall, 21. Runde

31.5., Monaco (Monte Carlo)
Pole:
Mansell (GB), Williams-Renault
1. Senna (BR), McLaren-Honda
2. Mansell (GB), Williams-Renault
3. Patrese (I), Williams-Renault
4. Schumacher (D), Benetton-Ford

14.6., Kanada (Montreal)
Pole: Senna (BR), McLaren-Honda
1. Berger (A), McLaren-Honda
2. Schumacher (D), Benetton-Ford
3. Alesi (F), Ferrari

5.7., Frankreich (Magny-Cours)
Pole:
Mansell (GB), Williams-Renault
1. Mansell (GB), Williams-Renault
2. Patrese (I), Williams-Renault
3. Brundle (GB), Benetton-Ford
Schumacher: Unfall, 18. Runde

12.7., England (Silverstone)
Pole:
Mansell (GB), Williams-Renault
1. Mansell (GB), Williams-Renault
2. Patrese (I), Ferrari
3. Brundle (GB), Benetton-Ford
4. Schumacher (D), Benetton-Ford

26.7., Deutschland (Hockenheim)
Pole:
Mansell (GB), Williams-Renault
1. Mansell (GB), Williams-Renault
2. Senna (BR), McLaren-Honda
3. Schumacher (D), Benetton-Ford

16.8., Ungarn (Budapest)
Pole:
Patrese (I), Williams-Renault
1. Senna (BR), McLaren-Honda
2. Mansell (GB), Williams-Renault
3. Berger (A), McLaren-Honda
Schumacher: Heckflügel def., 64. Runde

30.8., Belgien (Spa)
Pole:
Mansell (GB), Williams-Renault
1. Schumacher (D), Benetton-Ford
2. Mansell (GB), Williams-Renault
3. Patrese (I), Williams-Renault

13.9., Italien (Monza)
Pole:
Mansell (GB), Williams-Renault
1. Senna (BR), McLaren-Honda
2. Brundle (GB), Benetton-Ford
3. Schumacher (D), Benetton-Ford

27.9., Portugal (Estoril)
Pole:
Mansell (GB), Williams-Renault
1. Mansell (GB), Williams-Renault
2. Berger (A), McLaren-Honda
3. Senna (BR), McLaren-Honda
7. Schumacher (D), Benetton-Ford

25.10., Japan (Suzuka)
Pole:
Mansell (GB), Williams-Renault
1. Patrese (I), Williams-Renault
2. Berger (A), McLaren-Honda
3. Brundle (GB), Benetton-Ford
Schumacher: Getriebe, 14. Runde

8.11., Australien (Adelaide)
Pole:
Mansell (GB), Williams-Renault
1. Berger (A), McLaren-Honda
2. Schumacher (D), Benetton-Ford
3. Brundle (GB), Benetton-Ford

Fahrer-WM

1. N. Mansell (GB), Williams-Renault	108
2. R. Patrese (I), Williams-Renault	56
3. M. Schumacher (D), Benetton-Ford	53
4. A. Senna (BR), McLaren-Honda	50
5. G. Berger (A), McLaren-Honda	49
6. M. Brundle (GB), Benetton-Ford	38
7. J. Alesi (F), Ferrari	18
8. M. Häkkinen (FIN, Lotus-Ford	11
9. A. de Cesaris (I), Tyrrell-Ilmor	8
10. M. Alboreto (I), Footwork-Mugen	6
11. E. Comas (F), Ligier-Renault	4
12. K. Wendlinger (A), March-Ilmor	3
I. Capelli (I), Ferrari	3
14. T. Boutsen (B), Ligier-Renault	2
P. Martini (I), Dallara-Ferrari	2
J. Herbert (GB), Lotus-Ford	2
17. S. Modena (I), Jordan-Yamaha	1
B. Gachot (B), Venturi-Lamborghini	1
C.Fittipaldi (BR), Minardi-Lamborghini	1

Konstrukteurs-WM

1. Williams-Renault (164), **2.** McLaren-Honda (99), **3.** Benetton-Ford (91), **4.** Ferrari (21), **5.** Lotus-Ford (13), **6.** Tyrrell (8), **7.** Ligier-Renault, Footwork-Mugen (je 6), **9.** March-Ilmor (3), **10.** Dallara-Ferrari (2), **11.** Minardi-Lamborghini, Jordan-Yamaha, Venturi-Lamborghini (je 1)

Ergebnisse 1993

14.3., Südafrika (Kyalami)
Pole: Prost (F), Williams-Renault
1. Prost (F), Williams-Renault
2. Senna (BR), McLaren-Ford
3. Blundell (GB), Ligier-Renault
Schumacher: Kollision, 40. Runde

28.3., Brasilien (São Paulo)
Pole: Prost (F), Williams-Renault
1. Senna (BR), McLaren-Ford
2. Hill (GB), Williams-Renault
3. Schumacher (D), Benetton-Ford

11.4., Europa (Donington)
Pole: Prost (F), Williams-Renault
1. Senna (BR), McLaren-Ford
2. Hill (GB), Williams-Renault
3. Prost (F), Williams-Renault
Schumacher: Dreher, 23.Runde

25.4., San Marino (Imola)
Pole: Prost (F), Williams-Renault
1. Prost (F), Williams-Renault
2. Schumacher (D), Benetton-Ford
3. Brundle (GB), Ligier-Renault

9.5., Spanien (Barcelona)
Pole: Prost (F), Williams-Renault
1. Prost (F), Williams-Renault
2. Senna (BR), McLaren-Ford
3. Schumacher (D), Benetton-Ford

23.5., Monaco (Monte Carlo)
Pole: Prost (F), Williams-Renault
1. Senna (BR), McLaren-Ford
2. Hill (GB), Williams-Renault
3. Alesi (F), Ferrari
Schumacher: Hydraulik, 33.Runde

13.6., Kanada (Montreal)
Pole: Prost (F), Williams-Renault
1. Prost (F), Williams-Renault
2. Schumacher (D), Benetton-Ford
3. Hill (GB), Williams-Renault

4.7., Frankreich (Magny-Cours)
Pole: Hill (GB), Williams-Renault
1. Prost (F), Williams-Renault
2. Hill (GB), Williams-Renault
3. Schumacher (D), Benetton-Ford

11.7., England (Silverstone)
Pole: Prost (F), Williams-Renault
1. Prost (F), Williams-Renault
2. Schumacher (D), Benetton-Ford
3. Patrese (I), Benetton-Ford

25.7., Deutschland (Hockenheim)
Pole: Prost (F), Williams-Renault
1. Prost (F), Williams-Renault
2. Schumacher (D), Benetton-Ford
3. Blundell (GB), Ligier-Renault

15.8., Ungarn (Budapest)
Pole: Prost (F), Williams-Renault
1. Hill (GB), Williams-Renault
2. Patrese (I), Benetton-Ford
3. Berger (A), Ferrari
Schumacher: Benzin-Druck, 27. Runde

29.8., Belgien (Spa)
Pole: Prost (F), Williams-Renault
1. Hill (GB), Williams-Renault
2. Schumacher (D), Benetton-Ford
3. Prost (F), Williams-Renault

12.9., Italien (Monza)
Pole: Prost (F), Williams-Renault
1. Hill (GB), Williams-Renault
2. Alesi (F), Ferrari
3. Andretti (USA), McLaren-Ford
Schumacher: Motor, 22.Runde

26.9., Portugal (Estoril)
Pole: Hill (GB), Williams-Renault
1. Schumacher (D), Benetton-Ford
2. Prost (F), Williams-Renault
3. Hill (GB), Williams-Renault

24.10., Japan (Suzuka)
Pole: Prost (F), Williams-Renault
1. Senna (BR), McLaren-Ford
2. Prost (F), Williams-Renault
3. Häkkinen (SF), McLaren-Ford
Schumacher: Unfall, 11.Runde

7.11., Australien (Adelaide)
Pole: Senna (BR), McLaren-Ford
1. Senna (BR), McLaren-Ford
2. Prost (F), Williams-Renault
3. Hill (GB), Williams-Renault
Schumacher: Motor, 20.Runde

Fahrer-WM

1. A. Prost (F), Williams-Renault	99
2. A. Senna (BR), McLaren-Ford	73
3. D. Hill (GB), Williams-Renault	69
4. M. Schumacher (D), Benetton-Ford	52
5. R. Patrese (I), Benetton-Ford	20
6. J. Alesi (F), Ferrari	16
7. M. Brundle (GB), Ligier-Renault	13
8. G. Berger (A), Ferrari	12
9. J. Herbert (GB), Lotus-Ford	11
10. M. Blundell (GB), Ligier-Renault	10
11. M. Andretti (USA), McLaren-Ford	7
K. Wendlinger (A), Sauber	7
13. JJ Lehto (FIN), Sauber	5
Ch. Fittipaldi (BR), Minardi-Ford	5
15. M. Häkkinen (FIN), McLaren-Ford	4
D. Warwick (GB), Footwork-Mugen	4
17. R. Barrichello (BR), Jordan-Hart	2
P. Alliot (F), Larrousse-Lamborghini	2
F. Barbazza (I), Minardi-Ford	2
20. E. Comas (F), Larrousse-Lamborghini	1
A. Zanardi (I), Lotus-Ford	1
E. Irvine (GB), Jordan-Hart	1

Konstrukteurs-WM

1. Williams-Renault (168), **2.** McLaren-Ford (84), **3.** Benetton-Ford (72), **4.** Ferrari (28), **5.** Ligier-Renault (23), **6.** Lotus-Ford (12), **7.** Sauber (12), **8.** Minardi-Ford (7), **9.** Footwork-Mugen Honda (4), **10.** Jordan-Hart, Larrousse-Lamborghini (je 3), **12.** Lola BMS-Ferrari, Tyrrell-Yamaha (je 0)

Ergebnisse 1994

27.3., Brasilien (São Paulo)
Pole: Senna (BR), Williams-Renault
1. Schumacher (D), Benetton-Ford
2. Hill (GB), Williams-Renault
3. Alesi (F), Ferrari

17.4., Pacific (Aida)
Pole: Senna (BR), Williams-Renault
1. Schumacher (D), Benetton-Ford
2. Berger (A), Ferrari
3. Barrichello (BR), Jordan-Hart

1.5., San Marino (Imola)
Pole: Senna (BR), Williams-Renault
1. Schumacher (D), Benetton-Ford
2. Larini (I), Ferrari
3. Häkkinen (SF), McLaren-Peugeot

15.5., Monaco (Monte Carlo)
Pole:
Schumacher (D), Benetton-Ford
1. Schumacher (D), Benetton-Ford
2. Brundle (GB), McLaren-Peugeot
3. Berger (A), Ferrari

29.5., Spanien (Barcelona)
Pole:
Schumacher (D), Benetton-Ford
1. Hill (GB), Williams-Renault
2. Schumacher (D) Benetton-Ford
3. Blundell (GB), Tyrrell-Yamaha

12.6., Kanada (Montreal)
Pole:
Schumacher (D), Benetton-Ford
1. Schumacher (D), Benetton-Ford
2. Hill (GB), Williams-Renault
3. Alesi (F), Ferrari

3.7., Frankreich (Magny-Cours)
Pole: Hill (GB), Williams-Renault
1. Schumacher (D), Benetton-Ford
2. Hill (GB), Williams-Renault
3. Berger (A), Ferrari

10.7., England (Silverstone)
Pole: Hill (GB),Williams-Renault
1. Hill (GB), Williams-Renault
2. Schumacher (D), Benetton-Ford
3. Alesi (F), Ferrari
Schumacher: nachträglich disqualifiziert

31.7., Deutschland (Hockenheim)
Pole: Berger (A), Ferrari
1. Berger (A), Ferrari
2. Panis (F), Ligier-Renault
3. Bernard (F) Ligier-Renault
Schumacher: Motor, 21.Runde

14.8., Ungarn (Mogyorod)
Pole:
Schumacher (D), Benetton-Ford
1. Schumacher (D), Benetton-Ford
2. Hill (GB), Williams-Renault
3. Verstappen (NL), Benetton-Ford

28.8., Belgien (Spa)
Pole: Barrichello (I), Jordan-Hart
1. Hill (GB), Williams-Renault
2. Häkkinen (SF), McLaren-Peugeot
3. Verstappen (NL), Benetton-Ford
Schumacher: disqualifiziert

11.9., Italien (Monza)
Pole: Alesi (F), Ferrari
1. Hill (GB), Williams-Renault
2. Berger (A), Ferrari
3. Häkkinen (SF), McLaren-Peugeot
Schumacher: gesperrt

25.9., Portugal (Estoril)
Pole: Berger (A), Ferrari
1. Hill (GB), Williams-Renault
2. Coulthard (GB), Williams-Renault
3. Häkkinen (SF), McLaren-Peugeot
Schumacher: gesperrt

16.10., Europa (Jerez)
Pole:
Schumacher (D), Benetton-Ford
1. Schumacher (D), Benetton-Ford
2. Hill (GB), Williams-Renault
3. Häkkinen (SF), McLaren-Peugeot

6.11., Japan (Suzuka)
Pole:
Schumacher (D), Benetton-Ford
1. Hill (GB), Williams-Renault
2. Schumacher (D), Benetton-Ford
3. Alesi (F), Ferrari

13.11., Australien (Adelaide)
Pole: Mansell (GB), Williams-R.
1. Mansell (GB), Williams-Renault
2. Berger (A), Ferrari
3. Brundle (GB), McLaren-Peugeot
Schumacher: Unfall, 36.Runde

Fahrer-WM

1.	M. Schumacher (D), Benetton-Ford	92
2.	D. Hill (GB), Williams-Renault	91
3.	G. Berger (A), Ferrari	41
4.	M. Häkkinen (FIN), McLaren-Peugeot	26
5.	J. Alesi (F), Ferrari	24
6.	R. Barrichello (BR), Jordan-Hart	19
7.	M. Brundle (GB), McLaren-Peugeot	16
8.	D. Coulthard (GB), Williams-Renault	14
9.	N. Mansell (GB), Williams-Renault	13
10.	J. Verstappen (NL), Benetton-Ford	10
11.	O. Panis (F), Ligier-Renault	9
12.	M. Blundell (GB), Tyrrell-Yamaha	8
13.	H.H. Frentzen (D), Sauber-Mercedes	7
14.	N. Larini (I), Ferrari	6
	Ch. Fittipaldi (BR), Arrows-Ford	6
	E. Irvine (GB), Jordan-Hart	6
17.	U. Katayama (J), Tyrrell-Yamaha	5
18.	E. Bernhard (F), Ligier-Renault	4
	K. Wendlinger (A), Sauber-Mercedes	4
	A. de Cesaris (I), Jordan-Hart	4
	P. Martini (I), Minardi-Ford	4
22.	G. Morbidelli (I), Arrows-Ford	3
23.	E. Comas (F), Larrousse-Ford	2
24.	M. Alboreto (I), Minardi-Ford	1
	JJ Lehto (FIN), Benetton-Ford	1

Konstrukteurs-WM

1. Williams-Renault (118), **2.** Benetton-Ford (103), **3.** Ferrari (71), **4.** McLaren-Peugeot (42), **5.** Jordan-Hart (28), **6.** Tyrrell-Yamaha, Ligier-Renault (je 13), **8.** Sauber-Mercedes (12), **9.** Arrows-Ford (9), **10.** Minardi-Ford (5), **11.** Larrousse-Ford (2)

Ergebnisse 1995

26.3., Brasilien (São Paulo)
Pole: Hill (GB), Williams-Renault
1. Schumacher (D), Benetton-Renault
2. Coulthard (GB), Williams-Renault
3. Berger (A), Ferrari

9.4., Argentinien (Buenos Aires)
Pole:
Coulthard (GB), Williams-Renault
1. Hill (GB), Williams-Renault
2. Alesi (F), Ferrari
3. Schumacher (D), Benetton-Renault

30.4., San Marino (Imola)
Pole: Schumacher (D), Benetton-Renault
1. Hill (GB), Williams-Renault
2. Alesi (F), Ferrari
3. Berger (A), Ferrari
Schumacher: Unfall 11. Runde

14.5., Spanien (Barcelona)
Pole:
Schumacher (D), Benetton-Renault
1. Schumacher (D), Benetton-Renault
2. Herbert (GB), Benetton-Renault
3. Berger (A), Ferrari

28.5., Monaco (Monte Carlo)
Pole: Hill (GB), Williams-Renault
1. Schumacher (D), Benetton-Renault
2. Hill (GB), Williams-Renault
3. Berger (A), Ferrari

11.6., Kanada (Montreal)
Pole:
Schumacher (D), Benetton-Renault
1. Alesi (F), Ferrari
2. Barrichello (BR), Jordan-Peugeot
3. Irvine (GB), Jordan-Peugeot
5. Schumacher (D), Benetton-Renault

2.7., Frankreich (Magny-Cours)
Pole: Hill (GB), Williams-Renault
1. Schumacher (D), Benetton-Renault
2. Hill (GB), Williams-Renault
3. Coulthard (GB), Williams-Renault

16.7., England (Silverstone)
Pole: Hill (GB), Williams-Renault
1. Herbert (GB), Benetton-Renault
2. Alesi (F), Ferrari
3. Coulthard (GB), Williams-Renault
Schumacher: Unfall 46. Runde

30.7., Deutschland (Hockenheim)
Pole: Hill (GB), Williams-Renault
1. Schumacher (D), Benetton-Renault
2. Coulthard (GB), Williams-Renault
3. Berger (A), Ferrari

13.8., Ungarn (Budapest)
Pole: Hill (GB), Williams-Renault
1. Hill (GB), Williams-Renault
2. Coulthard (GB), Williams-Renault
3. Berger (A), Ferrari
11. Schumacher (D), Benetton-Renault Benzinpumpe defekt

27.8., Belgien (Spa)
Pole: Berger (A), Ferrari
1. Schumacher (D), Benetton-Renaul
2. Hill (GB), Williams-Renault
3. Brundle (GB), Ligier-Mugen-Honda

10.9., Italien (Monza)
Pole:
Coulthard (GB), Williams-Renault
1. Herbert (GB), Benetton-Renault
2. Häkkinen (FIN), McLaren-Mercedes
3. Frentzen (D), Sauber-Ford
Schumacher: Unfall 24. Runde

24.9., Portugal (Estoril)
Pole: Coulthard (GB), Williams-Renault
1. Coulthard (GB), Williams-Renault
2. Schumacher (D), Benetton-Renault
3. Hill (GB), Williams-Renault

1.10., Europa (Nürburg)
Pole:
Coulthard (GB), Williams-Renault
1. Schumacher (D), Benetton-Renault
2. Alesi (F), Ferrari
3. Coulthard (GB), Williams-Renault

22.10., Pazifik (Aida)
Pole:
Coulthard (GB), Williams-Renault
1. Schumacher (D), Benetton-Renault
2. Coulthard (GB), Williams-Renault
3. Hill (GB), Williams-Renault

29.10., Japan (Suzuka)
Pole:
Schumacher (D), Benetton-Renault
1. Schumacher (D), Benetton-Renault
2. Häkkinen (FIN), McLaren-Mercedes
3. Herbert (GB), Benetton-Renault

12.11., Australien (Adelaide)
Pole: Hill (GB), Williams-Renault
1. Hill (GB), Williams-Renault
2. Panis (F), Ligier-Mugen-Honda
3. Morbidelli (I), Arrows-Hart
Schumacher: Aufhängungsschaden nach Unfall, 26. Runde

Fahrer-WM

1.	M. Schumacher (D), Benetton-Renault	102
2.	D. Hill (GB), Williams-Renault	69
3.	D. Coulthard (GB), Williams-Renault	49
4.	J. Herbert (GB), Benetton-Renault	45
5.	J. Alesi (F), Ferrari	42
6.	G. Berger (A), Ferrari	31
7.	M. Häkkinen (FIN), McLaren-Mercedes	17
8.	O. Panis (F), Ligier-Mugen-Honda	16
9.	H. H. Frentzen (D), Sauber-Ford	15
10.	M. Blundell (GB), McLaren-Mercedes	13
11.	R. Barrichello (BR), Jordan-Peugeot	11
12.	E. Irvine (GB), Jordan-Peugeot	10
13.	M. Brundle (GB), Ligier-Mugen-Honda	7
14.	G. Morbidelli (I), Arrows-Hart	5
	M. Salo (FIN), Tyrrell-Yamaha	5
16.	J.-C. Boullion (F), Sauber-Ford	3
17.	P. Lamy (P), Minardi-Ford	1
	A. Suzuki (J), Ligier-Mugen-Honda	1

Konstrukteurs-WM

1. Benetton-Renault (137) **2.** Williams-Renault (112) **3.** Ferrari (73) **4.** McLaren-Mercedes (30) **5.** Ligier-Mugen-Honda (24) **6.** Jordan-Peugeot (21) **7.** Sauber-Ford (18) **8.** Arrows-Hart, Tyrrell-Yamaha (je 5) **10.** Minardi (1)

DIE TEAM-KOLLEGEN BEI BENETTON

1991
Nelson Piquet (BRA), geb. 1952
Seit 1978 in der Formel 1 (Ensign, McLaren, Brabham, Williams, Lotus)
Vor Schumacher: 198 GP, 23 Siege, 475,5 P., WM 81,83,87
Neben Schumacher: 6 GP, 10 P.
Jahresbilanz Schumacher:
6 GP, 4 Punkte

1992
Martin Brundle (GB), geb. 1959
Seit 1984 in der Formel 1 (Tyrrell, Zakspeed, Williams, Brabham)
Vor Schumacher: 83 GP, 16 P.
Neben Schumacher:
38 P., Sechster der Fahrer-WM
Jahresbilanz Schumacher:
53 Punkte, 1 Sieg,
Dritter der Fahrer-WM

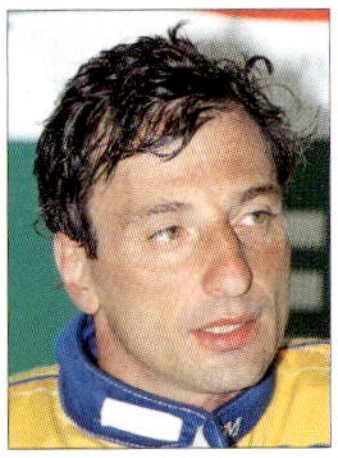

1993
Riccardo Patrese (I), geb. 1954
Seit 1977 in der Formel 1 (Arrows, Brabham, Alfa Romeo, Williams)
Vor Schumacher:
240 GP, 6 Siege, 261 Punkte
Neben Schumacher:
20 Punkte,
Fünfter der Fahrer-WM
Jahresbilanz Schumacher: 52 P.,
1 Sieg, Vierter der Fahrer-WM

1994
Jos Verstappen (NL), geb. 1972
Formel-1-Debut
Neben Schumacher:
10 GP, 10 Punkte,
Zehnter der Fahrer-WM

JJ Lehto (FIN), geb. 1966
Seit 1989 in der Formel 1 (Onyx, Dallara, Sauber)
Vor Schumacher: 54 GP, 9 P.
Neben Schumacher:
1 P. in 6 Rennen

Außerdem fuhr Johnny Herbert die beiden letzten GP für Benetton – ohne Punkte.

Jahresbilanz Schumacher:
92 Punkte in 14 Rennen, 8 Siege, Weltmeister

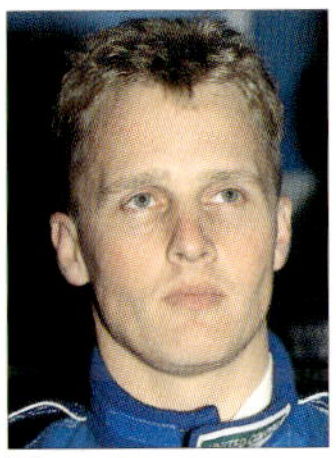

1995
Johnny Herbert (GB) geb. 1964
Seit 1989 in der Formel 1 (Benetton, Tyrrell, Lotus)
Vor der Saison: 49 GP, 18 P.
Neben Schumacher:
45 P., 2 Siege,
Vierter der Fahrer-WM
Jahresbilanz Schumacher:
102 Punkte, 9 Siege, Weltmeister

TEAM-WECHSEL

Der Deutsche im Benetton war 1995 nahezu unschlagbar. Schon während der Saison suchte er ein neues Team, eine neue Herausforderung. Er hatte die Wahl: Alle Topteams wollten ihn.

Schumachers Manager Willi Weber war vor Glück ganz hibbelig: „Es ist wunderbar. Wir sitzen zuhause und sehen zu, wie uns die Angebote in den Briefkasten flattern." Im Juni 1995, beim Großen Preis von Kanada, erreichte die Gerüchtelage einen ersten Höhepunkt. Die Szene diskutierte angestrengt, wohin sich Schumacher orientieren könnte.

Zu McLaren-Mercedes? Mercedes träumte seit seligen Sportwagenzeiten davon, Michael Schumacher als Fahrer zu gewinnen, Doch Mercedes-Motorsportchef Norbert Haug wußte: „Einen Schumacher kriegen wir für 1996 nur, wenn 1995 unsere Leistungen stimmen."

Taten sie aber nicht. Das Chassis war Schnitt, der Motor schwächer als der Renault. Weber vernichtend kurz: „Mercedes ist kein Thema mehr."

Was war mit Williams? Konstrukteur und Williams-Teilhaber Patrick Head äußerte ganz spezielle Ansichten: „Ich stecke das Geld lieber in meine Autos als in teure Fahrer." Auf diesem Ohr war Michael genauso taub wie sein Manager Weber.

Natürlich wollte auch Benetton seinen Star Schumacher ein weiteres Jahr halten. Man setzte auf Michaels konservative Lebensart. Nichts schätzt er so sehr wie eine gewohnte Umgebung.

Schließlich Ferrari. Vorteil Nummer eins: Nirgend-

wo wird besser bezahlt. Vorteil Nummer zwei: Nirgendwo wird besser bezahlt. Und Vorteil Nummer drei: Nirgendwo wird besser bezahlt.

Besonders die Zigarettendreher Marlboro drängten auf eine Verpflichtung des Deutschen. Seit Jahren pumpten sie Geld in Richtung McLaren und Ferrari und erhielten dafür gerade einmal zwei Siege geschenkt. Klagte ein deutscher Marlboro-Mann: „Auf den Bildern, die wir in den Zeitungen sehen, steht entweder Rothmans oder Mild Seven."

Hinter den Kulissen baggerte Ferrari ohne Ende am Weltmeister. Langsam sickerte durch, in welchen unzimperlichen Größenordnungen sich die Gehaltsvorstellungen von Willi Weber bewegten: 25 Millionen! Nicht Lira. Nicht Deutschmark. Sondern US Dollar! Ferrari dachte zunächst sparsam an 15.

Bei Williams schüttelte man in Anbetracht der geforderten 25 Millionen Dollar nur noch den Kopf. Patrick Head schmallippig: „Der Wahnsinn muß ein Ende haben."

Hatte er auch: Am 6. August 1995, am Morgen nach seiner Hochzeit mit Corinna, teilte Michael Teamchef Flavio Briatore mit, daß er zum Ende der Saison Benetton in Richtung Scuderia verlassen würde. Briatore verkniffen: „Michael wird bei Ferrari viel über das Leben lernen."

Der Vertrag lief über zwei Jahre, die 25 Millionen Dollar jährlich waren bald kein ernsthaftes Thema mehr. Es gab eine Rücktrittsklausel für den Weltmeister, falls Ferrari so gar nicht in die Puschen kommen würde. Und Michael durfte sich – um die Angst vor der Sozialhilfe endgültig zu bannen – noch eine Reihe persönlicher Sponsoren suchen.

Über allem wachte Bernie Ecclestone. Der Formel-1-Boß ist davon überzeugt: Eine starke Formel 1 braucht eine starke Ferrari-Truppe. Daß die Autos noch nicht konkurrenzfähig waren, kam dem Spannungselement entgegen und der alten Ecclestone-Regel: Den besten Fahrer nie ins beste Auto.

Nachdem alles in trockenen Tüchern war, klang Bernie sehr erleichtert: „Ich gebe zu, daß ich Michael gern bei Ferrari haben wollte."

EDDIE
DER TEAMKAMERAD

Ayrton Senna hielt ihn für „einen Vollidiot", als Eddie Irvine 1993 frisch in die Formel 1 kam. Da hatte es der Neuling gewagt, in seinem allerersten Rennen in Suzuka den dreifachen Weltmeister zu überholen. Jacques Villeneuves Meinung über Eddie ist nicht viel besser, weil der Ferrari-Pilot ihn am Saisonende 1997 mehrfach einbremste, um seinen Teamkameraden Schumi zu unterstützen.

Der Ire, Sohn eines Gebrauchtwagenhändlers, war über die Formel Ford und die Formel 3 in die Formel 3000 aufgestiegen und hatte sich dann in der japanischen Formel Nippon mit HH Frentzen und Jacques Villeneuve herumgeschlagen.

Ende 1993 suchte Landsmann Eddie Jordan einen Fahrer neben Rubens Barrichello. Man kannte sich gut von der Formel 3000, Eddie I. sagte zu und wurde von Eddie J. prompt für die nächsten Jahre als Formel-1-Pilot engagiert.

Auch wenn Jordan-Teamkollege Rubens Barrichello mehr Punkte machte, hinterließ Eddie den besseren Eindruck. Trotzdem kam 1995 das Angebot von Ferrari überraschend, Schumachers Teamkollege zu werden. Eddie Jordan kassierte 5 Millionen Dollar Ablöse und Eddie Irvine einen Zweijahresvertrag mit der Scuderia.

Dort mußte er sich mit Schumacher auseinandersetzen. Er wußte, was das hieß: „Ich bin die Nummer zwei. Ich arbeite nicht für mich, sondern für das Team."

Ferrari belohnte ihn für diese Einsicht: Der Vertrag wurde 1997 um ein Jahr verlängert. Michael Schumacher hatte sich dafür eingesetzt. Denn: „Eddie ist ein sauschneller Fahrer und ein sehr loyaler Kollege. Ich bin sicher, daß Eddie 1998 seinen ersten Sieg einfährt. Er hat ihn längst verdient." Und der Ire hofft auf die Zeit nach Schumacher. Dann, glaubt er, kann er die Nummer 1 werden.

Eddie Irvine in Fakten

Geboren am 10.November 1965 in Newtownsard/Nordirland
Nationalität: Britisch (Nordire)
Wohnsitz: Dublin/Irland
Größe: 178 cm, Gewicht: 75 kg
Familienstand (1997): ledig
Hobbies: Angeln, Golf, Schwimmen
Einkommen (1997): 4 Mio US-Dollar

Karriere:

1983-84	Irische Formel Ford 1600
1985-87	Britische Formel Ford 1600 (87: Meister) Sieger Formel-Ford-Festival Brands Hatch
1988	Brit. Formel 3, 5. Rang; Formel-3-GP Macao: Sieger 1. Lauf
1989-90	Formel-3000-EM, (90: 3. Rang)
1991-93	Formel 3000 in Japan (93: 2. Rang)
1993	Formel 1 im Team Jordan-Hart, 2 Rennen, 1 Punkt
1994	Formel 1 im Team Jordan-Hart, 6 Punkte, 16. Rang (Teamkollege R. Barrichello 19 Punkte)
1995	Formel 1 im Team Jordan-Peugeot 10 Punkte, 12. Rang (Teamkollege R. Barrichello 11 Punkte)
1996	Formel 1 im Team Ferrari, 11 Punkte, 10. Rang (Teamkollege M. Schumacher 59 Punkte, 3. Rang)
1997	Formel 1 im Team Ferrari, 24 Punkte, 8. Rang (Teamkollege M. Schumacher 78 Punkte, 2. Rang)

Michael und Eddie Irvine sind keine Freunde, aber Teamkollegen, d

l und erfolgreich zusammenarbeiten. Eddie, Rauhbein mit Playboy-Image, hat sich mit der Nummer-2-Rolle im Ferrari-Team arrangiert.

1996: DAS JAHR

Der 96er Ferrari bremste sich selber ein. Der neue Motor lief zu unruhig, das Chassis war den Williams noch rettungslos unterlegen. Mich

DES AUFBAUS

…macher kam auf drei Siege, aber in den Weltmeisterschaftskampf konnte er in der Saison nie eingreifen.

Michael Schumacher wußte: Der Weltmeistertitel war 1996 außer Reichweite. Er wußte aber auch, daß er die wichtigste Waffe der Scuderia war, um Ferrari aus dem Mittelmaß herauszuholen. Was er mit Benetton geschafft hatte, wollte er mit dem legendären Traditionsteam der Formel 1 ein zweites Mal beweisen. Für 1996 hieß sein Ziel: Mindestens zwei Siege. Danach wollte er den Kampf um den Weltmeistertitel aufnehmen.

Für Ferraristi gibt es keine zwei Meinungen: Der 16. November 1995 war ein historischer Tag. Es war der Tag, an dem der zweifache Weltmeister und Heilsbringer Michael Schumacher offiziell in Maranello seinen Job antrat.

Rund 4500 Fans standen zum Teil schon seit dem frühen Morgen im Freien und harrten des Stars, der seine ersten Proberunden auf der Ferrari-Teststrecke in Fiorano drehen sollte. Die Strecke war abgeriegelt wie ein Hochsicherheitstrakt. Aber das hat einen Ferraristi noch nie abgehalten, eher angespornt. An Telegrafenmasten hingen sie, Starkstromleitungen wurden trotz Stacheldrahtsperre erklommen und

Bäume wie Tribünenplätze gehandelt.

Was bis in den späten Nachmittag nichts brachte. Denn erst einmal besichtigte Michael Schumacher zusammen mit seinem neuen Teamkollegen Eddie Irvine und den Ferrari-Gewaltigen die Produktionsstätten. Michael, man mag es bei dem Ex-Mercedes-, Ex-Ford-, Ex-Renault-Werksfahrer nicht glauben, gab sich beeindruckt: „Es war das erste Mal, daß ich eine Autoproduktion gesehen habe."

Nach Besichtigung der Produktion und der 350 Mitarbeiter starken Sportabteilung ging es zusammen mit Rennleiter Jean Todt und Ferrari-Präsident Luca di Montezemolo unverzüglich zur Tat: Tortellini alla panna, scaloppine al tartufo und torta di frutta standen auf dem Programm. 350 akkreditierte Journalisten hofften, daß es den Herren schmecken möge.

Stunden später durfte Michael tatsächlich ins Auto. 17 Runden schaffte er, dann war die Dämmerung schneller als der Weltmeister. Eine Pressekonferenz war für 16.30 Uhr angesetzt. Für Ferrari-Verhältnisse lief der Terminplan generalstabsmäßig ab: Um 18.10 Uhr trat Michael vor die wartenden Journalisten. Er zeigte, daß ihm das ganze Drunter und Drüber sichtlich auf den Zeiger ging: „Ich war nur eingeladen, um die Firma zu besichtigen und um das Auto zu fahren. Von diesem Pressetermin hier hatte ich überhaupt keine Ahnung. Ich bitte um Entschuldigung." Willkommen in Maranello.

Ferrari blieb, wo Chaos anzurichten war, nie auf halbem Wege stehen. In den nächsten Monaten sollte Michael Schumacher rasch begreifen, warum dieses Team trotz eines gewaltigen Budgets in den vergangenen Jahren so gar nichts auf die Beine stellen konnte.

Es gab dafür natürlich viele Schuldige. Einer von ihnen war John Barnard, der englische Konstrukteur von Ferrari. Er überzog wie immer den Terminplan. Im Dezember wollte er den neuen F310 abliefern – fertig war er mit siebenwöchiger Verspätung im Februar. Und statt des versprochenen neuen Autos, das ein Geniestreich sein sollte, kam ein durch und durch mittelmäßiger Wagen heraus.

Neuer V10 Motor

Auch die Motorenbauer standen vor einer schweren Aufgabe. Als einziges Team hatte Ferrari bis zum Vorjahr am V12 festgehalten, den man seit 1989 von Jahr zu Jahr stärker gemacht hatte. 1996 aber wollte man endlich auf die Linie der anderen Teams einschwenken. Ein V 10 wurde konstruiert. Normalerweise braucht man für die Konstruktion eines neuen Motors mindestens zweieinhalb Jahre. In Maranello hatte man sich ein Jahr weniger gegönnt.

Weil das neue Chassis fehlte, wurde der Motor zunächst in das 95er Chassis eingebaut. Er lief von Anfang an erstaunlich zuverlässig.

Mitte Februar 1996, wenige Wochen vor dem Saisonstart. Michael testete im südfranzösischen Le Castellet. Die Stimmung entsprach dem mehr als bescheidenen Wetter. Auf den Zeitplan angesprochen, antwortete Schumacher ungewohnt sarkastisch: „Uns kann zur Zeit gar nichts aus dem Zeitplan bringen. Denn wir waren ja noch nie drin."

In der Tat, was sich im Vorfeld zur Saisonpremiere im australischen Melbourne bei den Roten aus Maranello abspielte, war schlimmstes Krisenmanagement. Bei den ersten Fahrten Mitte Februar auf der Ferrari-Teststrecke Fiorano wurde Michael stets nach wenigen Runden gestoppt. Hauptproblem: Ölverlust am Getriebe. Das Getriebegehäuse bestand neben Titan auch aus Kohlefaserteilen. An den harzverklebten Nahtstellen trat Öl aus.

Am Freitag, dem 23. Februar, konnte Michael erstmals sein neues Dienstfahrzeug auf einer regulären Rennstrecke ausprobieren. Kurz vor 16 Uhr startete er den Wagen und blieb nach einigen hundert Metern liegen. Elektrikprobleme. Nach der Reparatur schaffte Schumacher drei Runden, dann streikte die Benzinpumpe.

Ziel: Zwei Siege

Michael erklärte dennoch mutig: „Ich wäre mit zwei Siegen zufrieden!" Was letztendlich genauso viele wären, wie Ferrari in den vergangenen fünf Jahren zusammen eingefahren hatte...

Allerdings: Vor dem Saisonstart konnte Michael in Estoril keine einzige volle Renndistanz fahren. Eddie

Vor dem WM-Auto von 52: Jean

Auf zum ersten Testlauf: Weil das

entierte den Hoffnungsträger mit Teamkamerad Irvine.

Die Ferrari-Teststrecke in Fiorano entspricht mit 3 km Länge fast einem F1-Kurs.

is nicht fertig geworden war, hatte man den neuen Motor in das Vorjahresauto eingebaut. Der F310 war erst zum GP-Start einsatzbereit.

Irvine ging es mit dem zweiten Wagen in Fiorano nicht besser...

Die Einsatzwagen für Melbourne wurden verpackt. Eines war allen klar: Die Auftaktrennen in Australien, Brasilien und Argentinien – drei Rennen in Übersee innerhalb von fünf Wochen – konnte man komplett vergessen. Was man den Winter über nicht fertiggebracht hatte, würde man im Streß der Überseerennen erst recht nicht hinkriegen.

3. Platz für Irvine

So kam es denn auch. In Australien konnten die Ferrari das Tempo der favorisierten Williams – mit Damon Hill und Jacques Villeneuve – nicht halten. Der Deutsche fiel in der 33. Runde mit einem Defekt im Bremssystem aus. Immerhin sorgte Eddie Irvine mit seinem dritten Platz für einen roten Farbtupfer auf dem Podest.

Beim zweiten Lauf, in Brasilien, bildete zwar Michael diesen Farbtupfer an gleicher Stelle auf dem Treppchen, aber er zog sein berühmtes langes Gesicht, als für Damon Hill die britische Hymne intoniert wurde. Kein Wunder: Der amtierende Weltmeister mit der stolzen Startnummer 1 auf dem Wagen wurde von Dauerkonkurrent Hill scheinbar mühelos überrundet.

Seinen dritten Sieg in Folge brachte Damon Hill in Argentinien unter Dach und Fach – und schaltete Michael auf ungewöhnliche Weise aus. Der Williams schleuderte ein Metallstück von der Strecke hoch, und

Der langjährige Ferrari-Pilot Gerhard Berger hatte mit Michael das Team getauscht. Insgesamt fünf S

das Geschoß zerstörte den Heckflügel an Michaels Ferrari gründlich.

Nach drei Rennen hatte Ferrari magere zehn Punkte in der 96er Bilanz – von insgesamt 48 möglichen.

„Uns fehlt im Qualifying eine Sekunde auf die Williams", rechnete Michael vor. „Im Rennen 0,7 Sekunden pro Runde. Es liegt viel Arbeit vor uns."

Schwachpunkt Getriebe

Die Mängelliste des F310 war ellenlang: Vor allem das knapp 200.000 Mark teure Getriebegehäuse galt als Schwachpunkt. Also baute man das alte Getriebe wieder ein. Das war zwar zuverlässiger, aber auch breiter. Deshalb mußte auch der alte Unterboden wieder unter das Monocoque.

Der neukonstruierte V10 reichte noch nicht an die Werte der Konkurrenz von Mercedes oder Renault heran. Das war verständlich. Aber damit ließ sich nicht allein erklären, warum der Ferrari im Schnitt eine 10 km/h niedrigere Topspeed hatte. Man kam in Maranello zu dem Schluß, daß das aerodynamische Konzept des F310 nicht das Gelbe vom Ei war. Hartnäckig hielten sich die Gerüchte, Ferrari wolle noch 1996 eine völlige Neukonstruktion auf die Räder stellen. Doch Michael warnte vor Aktionismus: „Es wäre ja schön, wenn wir im jetzigen Stadium sagen könnten, wir machen dies oder jenes. Das hieße ja, daß wir genau wüßten, woran wir sind."

In dieser maladen Situation war das erste europäische Rennen, ausgerechnet auf

Gratulation: In Australien meldete

…stehen auf Bergers Ferrari-Konto.

…Villeneuve ihre Titelansprüche an.

Zum ersten Mal seit 1990 (Alain Prost) trug ein Ferrari wieder die 1, statt der Traditionszahlen 27/28.

Ein Traumrennen: In der Wasserschlacht von Barcelona deklassierte Michael Schumacher sämtliche Konkurrenten. Hier überholt er Alesi

Schampus schwemmte die Tränen weg: Jean Todt heulte vor Glück über Michaels ersten Sieg in Spanien.

Die Boxencrew von Ferrari arbei

sich Villeneuve zur Brust nimmt.

dem Nürburgring, wahrer Balsam. Michael, erklärter Liebling der 100.000 Zuschauer, kämpfte sich bis auf 0,7 Sekunden an Villeneuve heran und beendete den Lauf als Zweiter.

Das Team mag Michael

In Imola setzte der Deutsche mit seiner ersten Pole für Ferrari gar einen kollektiven Schuumakäär-Taumel frei. Das Team, das nach der Alesi- und Berger-Kündigung anfänglich so gar nichts mit dem Deutschen anzufangen wußte, war mittlerweile eine Truppe geworden, die komplett in den Schumacher-Fan-Club eintreten könnte.

Wieder kam Michael als Zweiter durchs Ziel, die letzten drei Kilometer knechtete er seinen Wagen mit blockiertem rechten Vorderrad über den Asphalt.

Langsam begann der spröde Charme des Teutonen Schumacher auch in Italien zu verfangen. Immer öfter schrieben die heimischen Gazetten, daß man die Qualität des Ferrari an den Irvine-Vorstellungen feststellen könne. Der Rest liege im Genius des Deutschen begründet. Jetzt noch ein klitzekleiner Sieg und man könnte in Italien erstmals an eine Einbürgerung der Schumachers denken.

Ein Traum wäre ein erster Sieg in Monaco. Und tatsächlich: Alles sah nach dem ganz großen Erfolg aus: Pole-Position in Monaco, das Rennen fand bei absolutem Schumacher-Wetter, also im Nassen, statt. Der Start wurde gewonnen – und dann rauschte Michael in der ersten Runde, in Führung liegend, in die Leitplanke.

Das schmerzte: „Ich habe ganz einfach den Curb nicht so erwischt, wie ich ihn erwischen wollte. Ich bin nicht weit genug reingekommen und statt dessen auf den Lack geraten. Auf dem war kein Halten mehr."

Was für ein Glück, daß unmittelbar auf Monaco der Große Preis von Spanien folgte. Und damit eine der größten Triumphfahrten in der an Erfolgen so reichen Karriere des Michael Schumacher. Im strömenden Regen deklassierte er alle Konkurrenten zu Statisten. An sechster Stelle aus der ersten Runde kommend, überholte der Ferrari-Pilot in zehn Runden Berger, Alesi und den führenden Villeneuve. Danach setzte sich Schumacher mit bis zu fünf Sekunden schnelleren Rundenzeiten vom Rest ab. Am Ende konnten sich nur Alesi und Villeneuve einer drohenden Überrundung entziehen.

Der Weltmeister flocht seinem Ferrari ein Kränzchen: „Von der Fahrbarkeit weiß man, daß der Ferrari unter solchen Umständen einfach gut ist." Blödsinn! Diese Demonstration krassester Überlegenheit war eine Hinrichtung aller anderen Formel-1-Fahrer.

Es gehört zu den Phänomenen unserer (Medien)-Zeit, daß Michael urplötzlich als heißer WM-Kandidat gehandelt wurde. Und es gehört zu den Phänomenen der Formel 1, daß die Bäume nur ganz selten in den Himmel schießen.

Fünf grausame Rennen

Für Schumacher und Ferrari folgte eine Fünf-Rennen-Phase, die in ihrer Grausamkeit kaum noch zu überbieten war. Selten wurde ein Team krasser auf den Boden der Tatsachen zurückgeholt. In Montreal war für Irvine das Rennen nach zwei Runden vorbei. Eine Schubstrebe der rechten Vorderradaufhängung war gebrochen. Bei Michael Schumacher kegelte medienwirksam die Antriebswelle vom Auto weg. Made in Italy – ein Begriff setzte sich durch.

Noch schlimmer kam es in Magny-Cours: Michael erlebte einen Motorschaden in der Aufwärmrunde, Irvine brauchte ganze sechs Runden für einen Getriebeschaden. In Silverstone strandete Schumacher in der vierten Runde wegen

rcelona perfekt. Das Team wurde von Michaels Leistung mitgerissen.

eines Druckverlustes in der Hydraulik, Kollege Irvine zwei Runden später wegen eines Differentialschadens. Von insgesamt 1838 Rennkilometern schafften die beiden roten Renner gemeinsam exakt 240. Ferrari-Präsident Montezemolo hätte eigentlich zum Massenharakiri aufrufen müssen.

Dabei hatten die Roten unter den Anweisungen ihres Stars keinen Stein auf dem anderen gelassen. Michael zog das gesamte Testprogramm an sich, Irvine wurde völlig beiseite gestellt. Der Ire enttäuscht: „Alles in allem durfte ich das ganze Jahr über gerade mal fünf Tage testen."

Zitter-Motor

Konsequent wurde der F310 von vorne nach hinten neu gestaltet. Man wechselte zur Hochnase, änderte den Unterboden, modifizierte die Airbox und überarbeitete die Querlenker der hinteren Radaufhängung. Nur an einem Sargnagel vermochte man nichts zu ändern: Die Vibrationen des neuen Zehnzylindermotors. Völlig normal in Anbetracht der kurzen Entwicklungszeit zitterte diese Maschine alles kaputt, was nicht niet- und nagelfest am Auto war. Und da stets etwas Anderes defekt ging, wurde der Eindruck erweckt, bei Ferrari funktioniere wirklich gar nichts.

Ein vierter Platz für Schumacher beim Großen Preis von Deutschland mit dem runderneuerten F310 auf dem Hockenheimring war zwar ein kleines Trostpflaster für die vielen Schumi-Fans, konnte allerdings schwerlich als Durchbruch gefeiert werden. Um so weniger, weil das folgende Rennen in Ungarn einen erneuten Nuller produzierte. Drei Konstrukteurs-WM-Punkte in insgesamt fünf Läufen, Damon Hill und Jacques Villeneuve von der Williams-Konkurrenz hatten in der gleichen Zeit das Konto um 72 Zähler anschwellen lassen. In Ungarn stand der englische Hauptkonkurrent bereits als Konstrukteursweltmeister fest – vier Rennen vor Saisonende.

Ein begeistertes Publikum feierte Michael beim Großen Preis von Deutschland, obwohl er nur auf dem undankbaren vierten Platz einlief.

Logisch, daß die italienische Presse Opfer forderte. Der Ruf nach der Ablösung von Teamchef Jean Todt wurde unüberhörbar. Michael stellte sich schützend vor ihn: „Todt zu entlassen, wäre der größte Fehler, den man jetzt machen könnte." Michael war klar: Man konnte durchaus Ferrari-Säulen wie Konstrukteur John Barnard, den Motorenspezialisten Osamu Goto oder jeden anderen leitenden Mitarbeiter in Frage stellen. Ein Mann stand für ihn außer Diskussion, und der hieß Todt. Dieser schmallippige kleine Franzose mit der sinnlichen Ausstrahlung einer Keramikkachel galt ihm als einziger Fels in der Ferrari-Brandung. Der in seiner Arbeitsauffassung so preußisch auftretende Todt war der einzige, mit dem Schumacher bei Ferrari das Steuer herumreißen konnte.

Doppelschlag vom Manager

Wie gesagt, keiner wußte das besser als der in strategischen Fragen unglaublich clever agierende Ferrari-Star. Er holte zusammen mit seinem Manager Weber zum absoluten Doppelschlag aus. In der Zeit tiefster Ferrari-Depression begann das weltmeisterliche Duo mit Ferrari über eine Vertragsverlängerung zu verhandeln.

Der Schachzug war brillant. Einerseits: In dieser Situation konnte man finanziell so gut wie alles verlangen. Und andererseits: Was war besser geeignet, einen Rennleiter Jean Todt zu stützen, als ein Vertrauensbeweis dieser Art? Michaels Gehalt wurde von 25 Millionen Dollar auf 35 Millionen Dollar angehoben, der Vertrag sollte nun nicht mehr bis Ende 1997 laufen, sondern auf jeden Fall bis 1998, unter gewissen Umständen sogar noch ein Jahr länger.

Und um alles fein abzurunden, stand nach der Bekanntgabe des neuen Vertrags auch noch der Lieblingskurs des Meisters auf dem Zeitplan: Spa. Mit Hilfe einer Safety-Car-Phase und einem durch einen leeren Benzintank optimal

-utsche Ferrari-Star bedankte sich artig. Er wußte: Der Weltmeister-Titel war in diesem Jahr außer Reichweite, die Williams zu überlegen.

erzwungenen Boxenstopp gelang es Michael, sich an die Spitze des Feldes zu setzen. Jetzt mußte der Ferrari nur noch halten.

Und er hielt. Gerührt ließ sich Rennleiter Jean Todt auf dem Siegerpodest von seinem Star eine Flasche Schampus übers Haupt schütten, Ferrari-Präsident Montezemolo gratulierte via Handy.

Sie alle wußten, daß der Sieg in Belgien exakt das war, was man auf dem Weg nach Monza brauchte. Ein solcher Erfolg stimmte die Presse milde, sorgte für Stimmung bei der Truppe und an der Rennstrecke für ein volles Haus. Es war angerichtet, jetzt möge nur noch Schumacher seines Amtes walten.

Sieg in Monza

160.000 Zuschauer wurden am Rennsonntag Zeuge, wie Michael Schumacher von Startplatz drei ins Rennen ging. Und ein Rennen gewann, in dem die beiden WM-Kandidaten Hill und Villeneuve durch Fahrfehler aus der Punktwertung fielen. Sieg in Monza – der erste für Ferrari seit 1988. Und als würde diese Leistung nicht reichen, um in Italien unsterblich zu werden, hatte Michael noch eine Nachricht, die im Familienland Italien alle schier aus dem Häuschen geraten ließ: „Corinna und ich werden Eltern."

Die Saison 1996 hatte damit ihr versöhnliches Ende gefunden. Zwei Rennen standen noch aus, und der Kampf um den Titel wurde immer knapper. Doch dieser Kampf war nicht mehr Michaels Kampf: „Das sollen Hill und Villeneuve unter sich ausmachen. Für mich spielt das keine Rolle mehr." Die Entscheidung dauerte bis zum letzten Lauf, dann konnte sich Damon Hill nach drei vergeblichen Anläufen endlich als Weltmeister feiern lassen.

Für Michael spielte nur noch eines eine Rolle: Er wollte gerne WM-Dritter werden. Und er wollte Ferrari Platz zwei in der Konstrukteurs-WM sichern. Bei beiden Vorhaben stand ihm Benetton als Team und Jean Alesi als Fahrer im Weg. Doch während der Franzose nur noch einen vierten Platz einfahren konnte, kam Schumacher in Portugal als Dritter und in Japan als Zweiter an. Die Addition der Punkte genügte Michael zum Erreichen beider Ziele.

Eddie Irvine schloß die Saison mit elf Punkten ab, außer zum Saisonbeginn wurde er kein weiteres Mal auf dem Podest gesichtet. Dennoch machte sich Michael stark für den Iren: „Ein sehr schneller Fahrer und kooperativer Kollege."

Das Resümee der Saison sprach Rennleiter Jean Todt: „Wir haben als Team zusammengehalten. Seit 1990 hat Ferrari nicht mehr so viele Rennen gewonnen wie in dieser Saison." Jetzt hieß es, alle Schwachstellen, die sich in den Rennen offenbart hatten, mit eisernem Besen auszukehren.

Damon Hill pflegte noch seinen Siegesrauschkater als frischgebackener Weltmeister, da begann in Maranello schon längst die Operation „Weltmeistertitel 1997".

Familienplanung: Michael und Corinna kündigten Nachwuchs an.

Suzuka: Schumi und Häkkinen duschten Weltmeister Damon Hill.

Nächstes Jahr mit gleichen Kräften: HH unterschrieb bei Williams.

Fiat-Chef Agnelli hoffte mit Montezemolo und den Fahrern auf 97.

ERGEBNISSE 1996

10.3., Australien (Melbourne)
Pole: Villeneuve (CAN), Williams-Renault
1. Hill (GB), Williams-Renault
2. Villeneuve (CAN), Williams-Renault
3. Irvine (GB), Ferrari
Schumacher: Leck in Bremshydraulik 33.Runde

31.3., Brasilien (Sao Paulo)
Pole: Hill (GB), Williams-Renault
1. Hill (GB), Williams-Renault
2. Alesi (F), Benetton-Renault
3. Schumacher (D), Ferrari

7.4., Argentinien (Buenos Aires)
Pole: Hill (GB), Williams-Renault
1. Hill (GB), Williams-Renault
2. Villeneuve (CAN), Williams-Renault
3. Alesi (F), Benetton-Renault
Schumacher: Heckflügel gebrochen 47. Runde

28.4., Europa (Nürburg)
Pole: Hill (GB), Williams-Renault
1. Villeneuve (CAN), Williams-Renault
2. Schumacher (D), Ferrari
3. Coulthard (GB), McLaren-Mercedes

5.5., San Marino (Imola)
Pole: Schumacher (D), Ferrari
1. Hill (GB), Williams-Renault
2. Schumacher (D), Ferrari
3. Berger (A), Benetton-Renault

19.5., Monaco (Monte Carlo)
Pole: Schumacher (D), Ferrari
1. Panis (F), Ligier-Mugen-Honda
2. Coulthard (GB), McLaren-Mercedes
3. Herbert (GB), Sauber-Ford
Schumacher: Unfall 1. Runde

2.6., Spanien (Barcelona)
Pole: Hill (GB), Williams-Renault
1. Schumacher (D), Ferrari
2. Alesi (F), Benetton-Renault
3. Villeneuve (CAN), Williams-Renault

16.6., Kanada (Montreal)
Pole: Hill (GB), Williams-Renault
1. Hill (GB), Williams-Renault
2. Villeneuve (CAN), Williams-Renault
3. Alesi (F), Benetton-Renault
Schumacher: Antriebswelle gebrochen 42. Runde

30.6., Frankreich (Magny Cours)
Pole: Schumacher (D), Ferrari
1. Hill (GB), Williams-Renault
2. Villeneuve (CAN), Williams-Renault
3. Alesi (F), Benetton-Renault
Schumacher: Motorschaden Aufwärmrunde

14.7., England (Silverstone)
Pole: Hill (GB), Williams-Renault
1. Villeneuve (CAN), Williams-Renault
2. Berger (A), Benetton-Renault
3. Häkkinen (FIN), McLaren-Mercedes
Schumacher: Druckverlust im Hydrauliksystem 4. Runde

28.7., Deutschland (Hockenheim)
Pole: Hill (GB), Williams-Renault
1. Hill (GB), Williams-Renault
2. Alesi (F), Benetton-Renault
3. Villeneuve (CAN), Williams-Renault
4. Schumacher (D), Ferrari

11.8., Ungarn (Mogyorod)
Pole: Schumacher (D), Ferrari
1. Villeneuve (CAN), Williams-Renault
2. Hill (GB), Williams-Renault
3. Alesi (F), Benetton-Renault
9. Schumacher (D), Ferrari

25.8., Belgien (Spa-Francorchamps)
Pole: Villeneuve (CAN), Williams-Renault
1. Schumacher (D), Ferrari
2. Villeneuve (CAN), Williams-Renault
3. Häkkinen (FIN), McLaren-Mercedes

8.9., Italien (Monza)
Pole: Hill (GB), Williams-Renault
1. Schumacher (D), Ferrari
2. Alesi (F), Benetton-Renault
3. Häkkinen (FIN), McLaren-Mercedes

22.9., Portugal (Estoril)
Pole: Hill (GB), Williams-Renault
1. Villeneuve (CAN), Williams-Renault
2. Hill (GB), Williams-Renault
3. Schumacher (D), Ferrari

13.10., Japan (Suzuka)
Pole: Villeneuve (CAN), Williams-Renault
1. Hill (GB), Williams-Renault
2. Schumacher (D), Ferrari
3. Häkkinen (FIN), McLaren-Mercedes

FAHRER-WM

1. Hill (GB), Williams-Renault	97
2. Villeneuve (CAN), Williams-Renault	78
3. Schumacher (D), Ferrari	59
4. Alesi (F), Benetton-Renault	47
5. Häkkinen (FIN), McLaren-Mercedes	31
6. Berger (A), Benetton-Renault	21
7. Coulthard (GB), McLaren-Mercedes	18
8. Barrichello (BR), Jordan-Peugeot	14
9. Panis (F), Ligier-Mugen-Honda	13
10. Irvine (GB), Ferrari	11
11. Brundle (GB), Jordan-Peugeot	8
12. Frentzen (D), Sauber-Ford	7
13. Salo (FIN), Tyrrell-Yamaha	5
14. Herbert (GB), Sauber-Ford	4
15. Diniz (BR), Ligier-Mugen-Honda	2
16. Verstappen (NL), Arrows-Hart	1

KONSTRUKTEURS-WM

1. Williams-Renault	175
2. Ferrari	70
3. Benetton-Renault	68
4. McLaren-Mercedes	49
5. Jordan-Peugeot	22
6. Ligier-Mugen-Honda	15
7. Sauber-Ford	11
8. Tyrrell-Yamaha	5
9. Arrows-Hart	1

Formel-1-Fahrer 1996 in Japan. Hinten von links: Mika Häkkinen, Johnny Herbert, Jos Verstappen, Martin Brundle, Pedro Lamy, Rubens Barrichello, Ricardo Rosset, Damon Hill, Giovanni Lavaggi. Vorne von links: Jean Alesi, Jacques Villeneuve, Gerhard Berger, Mika Salo, Eddie Irvine, David Coulthard, Michael Schumacher, Ukyo Katayama, Heinz-Harald Frentzen, Olivier Panis, Pedro Paulo Diniz.

1997: DAS JAHR D

ER WECHSELBÄDER

Beim japanischen Grand Prix in Suzuka jubeln die Ferrari-Piloten Michael Schumacher und Eddie Irvine:
Vor dem Rennen war der Titel fern wie die Milchstraße, nach dem Rennen führte Michael die Tabelle wieder an. So war es während der gesamten Saison: Mal lag Michael vorne, mal Jacques Villeneuve. Selten zuvor war eine Meisterschaft so spannend.

Auch 1997 waren die Williams durch ihren jahrelangen Technologie-Vorsprung das Maß aller Dinge. Kein anderes Team konnte mithalten. Jacques Villeneuve galt als haushoher Titelfavorit. Ferraris Plus: Ein riesiger Etat, ein hochmotiviertes Team - und der anerkannt beste Rennfahrer der Welt. Bei dieser Konstellation blieb die Meisterschaft offen bis zur letzten Stunde.

Es war ein Wechselbad der Gefühle. Selbst der sonst so beherrschte Michael Schumacher war zum Beginn der Saison 1997 hin- und hergerissen. In dem einen Interview strahlte er voll Optimismus: „Mein Ziel für 1997 ist der Titelgewinn." Im nächsten baute er einem möglichen Scheitern vor: „Wenn ich den Titel nicht schaffe, wird das keine Tragödie sein, Ferrari überlebt trotzdem."

Konstrukteur John Barnard hatte diesmal mit zwei klaren Vorgaben zu leben. Erstens: „Das Auto muß zwei Monate vor Saisonstart fertig sein." Die hatte er erfüllt. Zweitens: „Diesmal keine Experimente!" Auch damit hatte sich Barnard abgefunden. Weihnachten 1996 wurde das fertige Auto in Maranello abgeliefert.

Auffallend: Das gewohnte Ferrari-Rot strahlte nun in einem sponsorenfreundlich helleren Marlboro-Rot. Ansonsten zeigte der F 310B augenfällige Ähnlichkeiten zum Vorjahresweltmeister. Nase, Cockpitfront und -seitenwände, sowie Airbox und Heckflügel – alles hatte man schon mal in blauweiß gesehen. Prompt lästerte Gerhard Berger aus der Ferne: „Jetzt hat die Formel 1 endlich einen roten Williams."

Was noch lange nicht hieß, daß der neue Ferrari auf Anhieb so erfolgreich war wie der alte Williams. Ganz im Gegenteil, Michaels Analysen gaben zu Besorgnis Anlaß: „Der F 310B scheint von seinem Vorgänger die Tendenz zum Untersteuern geerbt zu haben." Das Ärgernis wurde noch mit einer Reihe von Motorschäden garniert.

Bei so viel Schwierigkeiten galt es umsomehr, in die Zukunft zu investieren. Und dabei war weniger an Geld, als an Macher zu denken. Anfang Februar meldeten die Nachrichtenagenturen eine Sensation: Konstrukteur Rory Byrne wurde als neuer Ferrari-Konstrukteur bekanntgegeben. Vor wenigen Wochen hatte sich der langjährige Benetton-Ingenieur noch zum vorgezogenen Ruhestand Richtung Thailand verabschiedet. Plötzlich wurde er reaktiviert, die Ära Barnard war endgültig beendet. Für rund zwei Millionen Dollar wurde die eigenwillige Diva nach Hause geschickt.

Erfolgs-Troika von Benetton

Michael war „glücklich über die Ankunft von Rory Byrne, denn seine Arbeit für Benetton war ausgezeichnet." „Glücklich" war die Untertreibung der Woche. Denn mit aller Macht hatte Michael die Einstellung des Benetton-Konstrukteurs betrieben. Michael wußte genau: Nachdem es ihm gelungen war, Ross Brawn Ende des vergangenen Jahres von Benetton zu Ferrari zu locken, brauchte er jetzt noch unbedingt den unscheinbaren und bescheidenen Byrne, um die Erfolgs-Troika der vergangenen Benetton-Zeiten zu komplettieren.

Derweil schimpfte Benetton-Boß Briatore seinen Stars hinterher: „Ferrari versucht sein Comeback mit den Rentnern von Benetton. Wir bauen unsere Zukunft mit einem neuen, jungen Team auf. Am Ende werden wir sehen, wer besser abschneidet." Werden wir – nur wird Flavio dann nicht mehr Benetton-Boß sein...

Michael ließ sich von solchen Gehässigkeiten nicht aus dem Takt bringen. Er wußte genau: „Wir haben jetzt zumindest eine stabile Basis." Dennoch ließen sich

380 Leute arbeiten in der Rennsportabteilung von Ferrari. Etwa 70 gehen mit der Formel 1 auf Reisen

die Probleme 1997 nicht so schnell aus der Welt schaffen. Der neue Ferrari-Motor war höchst anfällig. Das rund 750 PS-starke Triebwerk – Stückpreis rund 650.000 Mark – kränkelte zuerst an den Zylinderbuchsen und den Kolbenringen, dann an der Zylinderkopfdichtung.

Ziemlich peinlich bei den Kosten: Rund 130 Millionen Dollar wurden allein für Entwicklung, Bau und Revision der rund 100 Triebwerke angesetzt, die man für 1997 einplante. Zum Vergleich: Mercedes kalkulierte den Einsatz von 50 Motoren mit rund 50 Millionen Dollar.

Ferrari operierte in der Saison mit dem größten Etat der Geschichte. Obwohl er offiziell geheim blieb, stöhnte ein Ferrari-Mann: „Mindestens 250 Millionen Dollar, wahrscheinlich aber 300 Millionen."

Schumacher-Manager Willi Weber räumte offen

Wie man sich keine Freunde macht: Durch Irvine flogen in Melbourne Villeneuve und Herbert raus.

ralien versammelte Rennleiter Jean Todt seine Piloten und die Crew um den neuen F 310B. Das Auto war zunächst recht defektanfällig.

In Argentinien fuhr Schumacher eines seiner kürzesten Rennen. Nach einer Kollision mit Barichello steckte er im Kies. Vergebens hoffte

ein: „Der F 310B ist um Welten besser als sein Vorgänger. Daß sich Michael bei den ersten Tests über das Auto beschwert, ist doch ein alter Hut. Er will, daß man bei Ferrari nicht einschläft. Und er schiebt damit den ganzen Erwartungsdruck auf Frentzen ab." Heinz-Harald war 1997 von Sauber zu Williams gewechselt.

Der Saisonauftakt in Australien kollidierte mit einem anderen Termin. Dieser hatte für Michael schon einen ganz konkreten Namen: Gina Maria. Seit langem war klar, daß Michael unbedingt bei der Geburt dabei sein wollte. Glücklicherweise meldete sich das Mädchen – ganz die Tochter eines schnellen Rennfahrers – schon ein klein wenig früher. Michael schnappte sich Pilot und Challenger und düste mit einer Sondergenehmigung für den Nachtstart von Florenz nach Köln. Um drei Uhr morgens war Michael bei Corinna im Krankenhaus in Wipperfürth. Um 6.13 Uhr gab es eine neue Erdenbürgerin.

Fahren Väter langsamer?

Gina Maria war da, und mit ihr die ständigen Fragen nach der einen, mysteriösen Sekunde, die angeblich jeder Rennfahrer verliert, wenn er erst einmal Vater geworden ist. Das sind Fragen, wie sie ein Michael Schumacher liebt: „Vielleicht fühle ich mich als Vater ja noch ausgefüllter, noch glücklicher und fahre noch besser."

Doch alle Vaterfreuden halfen nichts. Der Saisonstart in Melbourne kam unaufhaltsam und mit ihm die Trennung von Corinna und Kind. Da blieb für Michael nur ein kleiner Trost: Zumindest waren diesmal dank des frühen Fertigstellungstermins hinlänglich getestete Rennwagen im Gepäck. Statt 300, wie im Vorjahr, waren es diesmal 4.000 Testkilometer. Das Unternehmen Weltmeisterschaft 97 konnte beginnen.

Allen Problemen zum Trotz stand Michael am Rennsonntag mit seinem Ferrari in der zweiten Startreihe – schneller waren nur der haushohe WM-Favorit Villeneuve und sein Teamkollege Frentzen. Zwei Stunden später rangierte Michael mit sechs Punkten an zweiter Stelle in der Fahrerweltmeisterschaft. Und konnte allen Ernstes über Sieger Coulthard auf seinem McLaren-Mercedes sagen: „Ich war schneller als David, konnte aber auf dem engen Kurs nicht überholen."

Geschenkte Punkte

Also knapp am Sieg vorbei? Da sollte man die Kirche doch lieber im australischen Dorf lassen. Denn der Rennausgang war mehr als glücklich für Schumacher. Zuerst wurde Jacques Villeneuve von Michaels Teamkollege Eddie beim Start von der Strecke geräumt. Und dann explodierte dem zweiten Williams-Piloten HH Frentzen nach viel Führungsarbeit die linke Bremsscheibe. Was summa summarum zwei geschenkte Plätze für Schumacher bedeutete.

Und dann sollte man noch einen unvoreingenommenen Blick auf die Ferrari-

en Neustart. Rivale Villeneuve ging auf Siegkurs.

Familienfeier: Michael konnte Ralf im dritten Rennen zum dritten Platz gratulieren.

Performance werfen. Im Rennen wurde Michael in der 51. Runde unplanmäßig an die Box gerufen: „Meint ihr wirklich mich?” Ferrari meinte und legte noch einmal rund 20 Liter Sprit nach. Wunderkonstrukteur Barnard hatte den Tank falsch berechnet...

Bereits beim zweiten Rennen, in der südamerikanischen Monster-Metropole São Paulo, wurde das Grundübel des F 310B klar: Dem Auto mangelte es an mechanischem Grip. Ausgeglichen werden mußte das mit steileren Flügeln. Und die drückten auf der Geraden auf die Bremse. Das bekannte Untersteuern zwang zu allem Überfluß auch noch dazu, sich für die harte Reifenmischung zu entscheiden. Doch selbst diese Reifen verschlissen noch zu schnell. So viele

Schumacher holte seine alte Benetton-Crew. Konstrukteur Ross Brawn baute Barnards Auto völlig um.

Der dritte Sieg von fünf: In Frankreich ließen sich Michael und Eddie von HH Frentzen begießen.

Nicht nur Jos Verstappen wurde b

Probleme, dann noch ein Sieg von Villeneuve, da kam über Michaels fünften Platz keine Freude auf: „Vielleicht sind es gerade diese zwei Punkte, die mir am Ende des Jahres helfen", versuchte Michael etwas Gutes zu sehen.

Und viel besser waren diese Punkte ja allemal im Vergleich zu dem, was in Argentinien auf ihn wartete. Denn dort kam Michael in der ersten Kurve dem Stewart-Piloten Rubens Barrichello ins Gehege. Michael blieb liegen und trotz seines betont langen Verweilens in der Gefahrenzone wurde das Rennen nicht neu gestartet. Immerhin konnte er an diesem Sonntag nach dem Rennen hocherfreut Bruder Ralf als Drittplazierten in die Arme schließen – wenigstens ein Schumacher auf dem Treppchen.

Die null Punkte schmeckten besonders bitter: Erstens holte WM-Gegner Villeneuve seinen zweiten Sieg. Und zweitens zeigte Teamkollege Irvine mit seinem zweiten Platz, was diesmal drin gewesen wäre. Abgehakt.

Acht Punkte für Michael, 14 für Ferrari aus den ersten drei Rennen – das war zu Beginn der europäischen Läufe nicht so schlecht. Jetzt konnten die Autos zwischen den Rennen weiterentwickelt werden.

Inzwischen hatte Schumacher neben seinem Hauptkonkurrenten Villeneuve noch einen anderen Gegner ausgemacht: Seinen Reifenlieferanten Goodyear. Michael ließ keine Gelegenheit aus, sich über deren Gummiwalzen zu beschweren. Und das ist das letzte, was Firmen, die ja nur aus Werbegründen in der Formel 1 sind, wirklich wollen.

Deutsche unter sich

Nachdem sich Villeneuve in Imola wegen Getriebeproblemen punktelos verabschiedete, mußte sich Michael nur einem geschlagen geben. Der allerdings hatte es in sich: Heinz-Harald Frentzen, Weggefährte, Kumpel und Konkurrent auf und neben der Strecke. Diesmal stand er eine Stufe höher als der sieggewohnte Star. Dieser Sieg schrieb Geschichte: Zwei Deutsche belegten die Plätze eins und zwei.

Als WM-Fünfter kam Schumacher nach Imola, als WM-Zweiter reiste er nach Monaco. Dort kam es zum Williams-GAU.

Zwar standen beide Piloten in Reihe eins. Aber dann starteten sie trotz klatschnasser Bahn mit Trockenabstimmung und profillosen

…enrennen von Monaco von Schumi weggeschnupft: Erstmals in dieser Saison führte der Ferrari-Pilot nach dem Lauf die WM-Tabelle an.

Slicks Richtung Leitplanke. Michael lachte sich schlapp. Nicht nur, daß er die richtigen Intermediates drauf hatte. Er hatte auch noch kurz vor dem Start die Chassis gewechselt und das mit der moderaten Regenabstimmung bevorzugt. Ein unangefochtener Start-Ziel-Sieg war das verdiente Ergebnis – trotz eines kleinen Ausflugs in die Auslaufzone der Sainte Dévote-Kurve.

Erstmals in dieser Saison führte Michael in der WM-Tabelle. Heiter und entspannt machte er sich in Begleitung von Corinna auf zum traditionellen Sieger-Dinner. Der König der Rennstrecken grüßte den Fürsten von Monaco...

Dachte man im Williams-Imperium, daß bei HH Frentzen nach dem Imola-Sieg der Knoten geplatzt sei, sah sich der Mönchengladbacher beim Großen Preis von Spanien mysteriös eingebremst. Im Rennen von Barcelona lief gar nichts. Frentzens Reifen warfen von Anfang an Blasen. Er wurde Achter.

Von Reifen eingebremst

Aber Frentzen war nicht der einzige, der Schwierigkeiten mit den Gummis hatte. Michael Schumacher zog zwar mit einem sensationellen Start an Berger, Häkkinen, Alesi und Frentzen vorbei. Dann aber bremsten auch ihn die Reifen ein: „Ich hatte drei komplett neue Sätze und die waren schlechter als der eine gebrauchte, den ich fuhr." Diesmal reichte es nur zu einem vierten Platz. Schon war er die Tabellenführung wieder los an Villeneuve. Wenigstens hatte Michael in Barcelona König Juan Carlos und dem Fußballhelden Ronaldo von CF Barcelona die Hände geschüttelt...

Es gehört zu den Sonderheiten des GP-Kalenders, daß zwischen den Läufen der Nachbarländer Spanien und Frankreich stets noch ein Überseerennen in Kanada reingepackt wird.

Wo ein voller Erfolg auf den Ferrari-Star wartete. Schon allein das Qualifying – in der letzten Minute entriß er Lokalmatador Villeneuve die Pole. Nicht schlechter das Rennen, in dem es ihm sein kanadischer Konkurrent allerdings unerwartet leicht machte. In der zweiten Runde kachelte er in der Schikane vor Start und Ziel in die Mauer. Villeneuve konnte es nicht fassen, und Michael lachte sich ins Fäustchen. Kanada wurde Michaels zweiter Saisonsieg – und trotzdem war ihm nicht zum Feiern zumute. Zunächst war sein

Bruder ungebremst in einen Reifenstapel geschossen – zum Glück gab's keine Verletzungen. Prost-Fahrer Olivier Panis allerdings brach sich bei einem Unfall beide Beine. Urplötzlich zeigte der Sport seine Fratze, eine Fratze, die Michael seit dem Imola-Wochenende 1994 nie aus seinem Gedächtnis hat streichen können. Betreten sagte er nach der Siegerehrung, die er mit ernstem Gesicht absolvierte: „Ich bin froh, daß Oliviers Verletzungen nicht lebensgefährlich sind. Im Moment ist das das Wichtigste."

Villeneuve erblondet

Der Große Preis von Frankreich ging also ohne den sympathischen Franzosen über die Bühne, dafür mit einem jäh erblondeten Jacques Villeneuve. Erstmals in der Formel-1-Geschichte wurde die Pressekonferenz der Qualifikationssieger von drei Deutschen bestritten. Wobei sich der Deutsche Nummer zwei, HH Frentzen, mit dem Deutschen Nummer drei, Ralf Schumacher, einig war: „Wir haben Michaels Tiefstapelei durchschaut."

In der Tat: Wenn man bedenkt, wie Schumacher dem später zweitplazierten Frentzen in den ersten Runden bis zu sieben Sekunden wegzog, dann konnte der Ferrari nun wirklich keine Gurke sein. Vielleicht lag der Grund, wie Gerüchte es wissen wollten, an einer geheimnisvollen, neuartigen Motorensoftware, die über die Drosselklappenstellung den Drehmomentverlauf optimierte.

Konkurrent Villeneuve konnte mit viel Glück einen vierten Platz nach Hause fahren – im WM-Klassement lag er nun mit satten 14 Punkten hinter Schumacher.

In Silverstone stand die Halbzeit an. Zwar gab es den ersten Totalausfall der Ferrari-Truppe – bei Michael war es ein Defekt am hinteren linken Radlager, bei Kollege Irvine die Antriebswelle. Diesen Totalausfall nutzte Villeneuve auch noch mit einem Sieg gnadenlos aus. Trotzdem mußte man in England als Zwischenbilanz feststellen, daß bei Ferrari in den letzten Wochen kein Stein auf dem anderen blieb. Aus der Krücke F 310B war Schritt für Schritt ein Front-Runner gemacht worden. Michael: „Im Rennen sind wir den Williams jetzt ebenbürtig."

Williams? Wer sprach denn von denen? Zumindest keiner auf dem Hockenheimring. Auf den Zuschauerrängen war alles fest unter Kontrolle roter DEKRA-Käppis.

Ausgerechnet Rennopa Gerhard Berger feierte nach drei Rennen Krankheit sein Comeback mit einer Pole – damit konnte Michael gut leben. Er stand als Drittplazierter vor Frentzen, Villeneuve weit abgeschlagen auf Rang neun.

Nichts lief bei den Williams: Frentzen legte sich in Kurve eins mit Eddie Irvine an. Nicht viel besser erging es Villeneuve, der vor lauter Zweikampf mit Jarno Trulli um Rang vier von der Strecke trudelte.

Nicht, daß Michael ohne Probleme blieb. Er mußte, obwohl es mittlerweile einen neuen Motor gab, mit dem alten Aggregat ins Rennen, und auch mit den Reifen war nach 15 Runden nichts mehr anzufangen. Doch wie so oft wurde er mit einer Extraportion Glück belohnt: Sie hieß in diesem Falle Fisichella, der bis kurz vor Rennende auf Rang zwei lag, bis ihm ein Hinterreifen platzte. Schade für den Italiener, Glück und sechs Punkte für Michael, der hinter Gerhard Berger durchs Ziel kam. Mit zehn Punkten Vorsprung auf Villeneuve ging es nach Ungarn.

Wo einer der größten Fehler der Saison auf den Weltmeister lauerte. Ausgerechnet das brandneue, zehn Kilogramm leichtere Chassis zerstörte der Ferrari-Fahrer im Warm-Up so nachhaltig, daß er für das Rennen auf das alte Ersatzchassis umsteigen mußte. Der Leichtbau hatte ihm immerhin die Pole eingebracht.

Ralf mit Respekt

Das Rennen verlief sensationell: Michael wurde nach zehn Runden von einem Arrows-Piloten von der Spitze verdrängt. Damon Hill, amtierender, aber in der Saison nie vorne gesichteter Weltmeister, hatte seinen zweiten Frühling. Er führte bis in die vorletzte Runde. Dann strauchelte die Technik des Ex-Schumacher-Rivalen und sein Ex-Teamkollege Villeneuve konnte ihn auf den letzten Kilometern abfangen. Michael kam mit viel Reifenproblemen auf Rang vier an – und konnte von Glück reden, daß ein deutlich schnellerer Bruder Ralf aus lauter Respekt vor Michaels WM-Chance den finalen Angriff unterließ.

In den letzten drei Rennen hatte Schumacher elf Punkte auf Villeneuve verloren. Rennleiter Jean Todt warnte: „Wir waren in Silverstone und Budapest zu siegessicher." Dafür bestätigte Ferrari wenigstens den Vertrag von Eddie Irvine für 1998. Der Ire hatte in Michael einen Fürsprecher. Und er war längst zum Bewunderer des Deutschen mutiert: „Normalerweise macht das Auto 80 Prozent und der Fahrer 20 aus. Bei Michael Schumacher ist es umgekehrt."

Erst recht galt das für Michaels Schicksalsstrecke: Spa-Francorchamps. Rechtzeitig vor Rennbeginn begann es zu regnen. Exakt die Bedingungen, die Michael liegen. Das Ferrari-Team erfuhr irgendwie, daß das Rennen mit einer Safety-Car-Phase begonnen werden sollte. Während die Williams-Konkurrenz auf Regenreifen setzte, ließ sich Michael Intermediates aufziehen. Mit denen enteilte er, als das Safety-Car die Strecke freigab, der Konkurrenz, als wären da Hinterbänkler eines Formel-3000-Feldes unterwegs. Innerhalb einer Runde ging er an Alesi vorbei und an Villeneuve gleich mit. Dann setzte er sich mit bis zu elf Sekunden pro Runde ab – Richtung Sieg.

Italiens Ministerpräsident Romano Prodi lobte via Telegramm „die italienisch-deutsche Zusammenarbeit." Ferrari-Präsident Luca di Montezemolo nahm Michaels Sieg persönlich: „Welch

Blondie: Zum Frankreich-GP kam Jacques Villeneuve frisch gebleicht.

Michaels Wetter: In Belgien deklassierte er wieder das gesamte Feld.

Umstieg: Beim Ungarn-GP mußte Michael ins alte Chassis klettern. Den neuen, leichteren Wagen hatte er beim Warm-Up demoliert.

Familien-Drama auf dem Nürburgring: Ralf kollidierte mit Teamkollege Fisichella und landete hart auf dem Bug von Michaels Ferrari. W

ein Geschenk zu meinem 50. Geburtstag." Und die „Gazzetta dello Sport" titelte: „Schumi, du bist ein Magier". Ein Ferrari-Pilot mit zwölf Punkten Vorsprung als WM-Führender nach Monza – ganz Italien war völlig aus dem Häuschen.

Bei Tests in Monza wurde der Deutsche von seinem alleroberstem Dienstherrn Gianni Agnelli besucht. Der Fiat-Boß mußte sich Schlimmes anhören: „Das Auto ist viel zu langsam, ein Platz auf dem Podium wäre schon ein Erfolg."

Es war keine pure Unkerei: Die schlechte Aerodynamik verlangte steile Flügel, die auf den vielen Monza-Geraden bremsten. Das alte Problem.

Nach dem Qualifying war Michael auf Rang neun schlechtester Deutscher. Bruder Ralf feixte: „Wer hätte das vor der Saison gedacht!" Im Rennen wurde es nicht ganz so schlimm, trotzdem, mehr als Platz sechs sprang nicht raus, für Konkurrent Villeneuve war es auch nur Platz fünf. Michael ließ den Kopf nicht hängen: „Jetzt kommen wieder Strecken, die mit mehr Abtrieb gefahren werden müssen. Da sehen wir besser aus."

Auf dem nagelneuen A1-Ring zwischen Judenburg und Knittelfeld trickste sich Ferrari indes erst einmal selber aus. Kein Liter zuviel an Bord sollte im Qualifying unnötigen Ballast verhindern. Leider war es dann ein Liter zu wenig, kraftlos rollte Michael aus, ausgerechnet auf seiner bis dahin schnellsten Runde. Er startete wieder von Platz neun.

Zehn-Sekunden-Strafe

Im Rennen sollte es noch schlimmer werden. Immerhin kämpfte er sich bis auf Rang vier vor. Ja, sogar bis auf Rang drei. Letztere Positionsverbesserung hatte allerdings den Nachteil, daß sie unter gelber Flagge geschah. Der überholte Frentzen griff, sobald er mit dem Lachkrampf zu Ende war, zum Bordfunk und meldete den Regelverstoß. Die Rennleitung reagierte mit einer Zehn-Sekunden-Strafe und Schumacher fand sich zum Schluß des Rennens auf Rang sechs wieder.

Ein mickriger kleiner Punkt, während vorne Villeneuve einen satten Zehner einsackte.

Wer meint, daß mit dem Rennen in Österreich der Saison-Tiefpunkt in Schumachers Glückskurve erreicht war, sah sich auf dem Nürburgring eines Besseren belehrt. Dort feierte Michael seinen 100. Grand Prix mit einem kleinen Festakt und einem Stück Kuchen in Bernie Ecclestones Gesicht. Die einzige Einlage, die zum Lachen Anlaß bot. Für Michael kam es nämlich knüppeldick. Ein fünfter Startplatz war schon nicht besonders, auch wenn Schumacher da noch das Gute sah: „Ich bin wenigstens nicht so weit hinten wie in Zeltweg."

Doch jeder Platz wäre besser gewesen, als der, an dem Schumacher sich vor der ersten Kurve befand. Genau dort nämlich landete – alles Gute kommt von oben – Bruder Ralf auf seinem Ferrari. Noch eine Runde konnte sich Michael weidwund über die Strecke quälen, dann war Schluß. „Ich hätte mir nie träumen lassen, daß mich mal der eigene Bruder aus dem Rennen befördern könnte. Aber ich will ihm keine Vorwürfe machen, solche Dinge passieren nun mal."

Wunder gesucht

Auch die Hoffnung, daß die beiden McLaren vorne an der Spitze seinem Kontrahenten Villeneuve wichtige Punkte klauen, hielt nicht lange an. Innerhalb einer Runde verabschiedeten

ührenden McLaren ausfielen, kam Villeneuve zu seinem sechsten Saisonsieg. Eine Vorentscheidung zur Weltmeisterschaft, glaubten viele.

sich die Triebwerke von Coulthard und Häkkinen – Villeneuve führte bis zum Ende und griff schon wieder die volle Punktzahl ab. Aus einem knappen Ein-Punkte-Vorsprung wurde zwei Rennen vor Schluß ein desaströser Neun-Punkte-Rückstand. Die meisten Deutschen waren sich einig: Der Titel war in diesem Jahr für Michael unerreichbar – und das ausgerechnet durch Mitwirkung des Bruders. Doch wie schrieb der „Formel 1 Report" der RTL Printedition so schön: „Ein kleines Wunder könnte nicht schaden."

Weise Worte, die erhört werden sollten. Und zwar ausgerechnet in Japan. Dort, wo die Karriere des Jacques Villeneuve ihren ersten Schwung bekam. Der eigenwillige Williams-Pilot legte auf dem Weg nach Suzuka ein paar Tage in Tokio ein, um in altbekannten Kneipen zu relaxen. Dort traf er auch auf seinen Kollegen aus ehemaligen Japan-Zeiten, Eddie Irvine. Villeneuve bat Eddie darum, sich im Kampf um den Titel fair zu verhalten. Irvine ließ ihn cool auflaufen: „Sorg dafür, daß du mir nicht in die Quere kommst, dann wird es auch keine Schwierigkeiten geben."

Michael ging wesentlich entspannter an den Japan-Grand-Prix heran. Seine Chancen waren eh minimal, da konnte man ruhig in Tokio Disney-World besuchen und ansonsten mit Ralf und Corinna Karten spielen. Bruder Ralf: „Wir haben in Japan nicht über den Startunfall auf dem Nürburgring gesprochen. Es war halt ein normaler Rennunfall."

Neuer Frontflügel

Villeneuve konnte in Suzuka ganz leicht Weltmeister werden – er brauchte nur einen Punkt mehr als Michael einzufahren. Auch ein Ausfall des Ferrari-Piloten hätte ihm gereicht.

Der Dicke und der Schnelle: Kanzler Kohl kam zum Nürburgring.

Tortenschlacht: Bernie Ecclestone feierte mit Michael den 100. GP.

Beidhändiger Jubel: Michael gewann den GP von Japan durch die Hilfestellung von Teamkollege Eddie Irvine. Villeneuve wurde disqual

Doch plötzlich war der Ferrari wie Kai aus der Kiste wieder voll konkurrenzfähig. Der Grund für die überraschende Leistungssteigerung war im Frontflügel zu suchen. Zwei kleine Versteifungen sorgten dafür, daß er sich bei schneller Fahrt nach unten verformte und somit mehr Abtrieb produzierte. Endlich war Schluß mit dem so lästigen Untersteuern. Startplatz zwei für Schumacher belegte die Wirksamkeit des Konzepts. Noch mehr tat es das bei Irvines Startposition. Als Dritter lag er mit drei Zehntel Rückstand ungewohnt knapp hinter seinem Teamleader.

Pole-Mann Villeneuve war beim vorletzten Lauf zur Formel-1-Weltmeisterschaft ein Geist. Wenn auch, wie Michael Schumacher zugibt, „ein sehr schneller Geist." Und mitunter zu schnell. Beim Samstagstraining war Villeneuve trotz gelber Flagge nicht vom Gas gegangen, sondern drehte statt dessen lieber seine bis dahin schnellste Runde. Mit ihm taten das noch andere Fahrer, doch keiner fuhr wie Villeneuve wegen genau dieses Deliktes unter Bewährung. Die Rennleitung konnte keine Gnade walten lassen: Villeneuve wurde für das Rennen gesperrt. Und nur ein Einspruch des Williams-Teams gegen dieses Urteil ließ Villeneuve doch noch an dem Rennen teilnehmen.

Villeneuve versuchte, aus der vertrackten Situation das Beste zu machen. Er mußte dafür sorgen, daß Schumacher so wenig Punkte wie möglich bekam. Deshalb bremste er nach gewonnenem Start das Feld ein – in der Hoffnung, daß andere Fahrer Schumacher überholen würden.

Irvine half

Nichts von dem geschah. Statt dessen löste sich Irvine aus dem Verfolgerfeld, schnupfte blitzschnell Häkkinen und Teamkollege Michael weg, eine Runde später gar Leader Villeneuve. Mit Riesenschritten zog er von dannen. Villeneuves Taktik wurde vollends unhaltbar, als Michael ihn nach dem ersten Boxenstopp überholen konnte. Zwei Ferraris führten, wenn auch in falscher Reihenfolge. Kollege Irvine überließ Minuten später Schumacher die Führung und blockte von nun an Villeneuve ab. Als bei dem Kanadier noch ein zweiter, verpatzter Tankstopp hinzukam, schlich er sich demoralisiert auf Rang fünf nach Hause. Zwei Punkte, von denen man wußte, daß sie ihm auch noch weggenommen würden. Zehn Punkte dagegen bei Schumacher, und sechs für Heinz-Harald Frentzen, der nach drei dritten Plätzen diesmal als Zweiter einlief. Damit hatte Williams die Konstrukteursweltmeisterschaft 1997 im Sack.

Der Kampf um den Titel aber war wieder völlig offen. Formel 1 paradox. Nicht

rher vergeigte Weltmeisterschaft war für Michael wieder greifbar.

Der Korrekte und der Schlabber: Michael mit Jacques im Schlepp.

einen direkten Zweikampf hatte es in der Saison 1997 zwischen Schumacher und Villeneuve gegeben. Und noch bizarrer: Die beiden hatten das ganze Jahr über nicht einmal gemeinsam auf dem Treppchen gestanden.

Als wollte die Saison für all die entgangenen Duelle der beiden Kontrahenten entschädigen, wurde nun für Jerez der Megakampf angesetzt. Zwei Männer – ein Ziel. Es gab nicht viel zu rechnen: Wer vor dem anderem in die Punkte kam, war Weltmeister 1997.

Das Finale begann schon eine Woche früher. Erwartungsgemäß zog das Williams-Team den Einspruch zurück. Nun war es amtlich: Michael führte mit 78 Punkten vor Villeneuves 77.

Suzuka: Nach dem Tankstopp kreuzte Villeneuve unfair die Fahrbahn. Michael wich blitzartig aus.

Die WM verloren: Mit weichen Knien kletterte Michael aus dem Ferrari.

Coulthard und Häkkinen ließen den neuen Champion hochleben.

Geirrt: Willi Weber hob schon die Siegesfinger in Ferrari-Rot.

Nach dem Qualifying sah es noch knapper aus. 1:21,072 lautete die magische Zahl, mit der sich Villeneuve und Schumacher zeitgleich in die erste Reihe schossen. Villeneuves Teamkollege HH Frentzen kam auch auf das Tausendstel genau auf diesen Wert. Dramatischer kann ein Duell nicht mehr arrangiert werden.

Der Start ging für Schumacher aus. In Maranello griff der Pfarrer bereits in die Seile, um für den ersten Ferrari-Weltmeistertitel nach 18 Jahren die Glocken zu läuten.

Für alle, die endlich mal einen direkten Kampf zwischen Schumacher und Villeneuve – Mann gegen Mann, Rad an Rad – sehen wollten, ging der Wunsch in Erfüllung. Im letzten Renndrittel, als alle Boxenstopps erledigt waren, als alle Strategie ein Ende hatte und es nur noch ums Fahren ging, schob sich Villeneuve in den Windschatten des führenden Schumacher.

Crash vor der Kurve

Der spürte, daß er den Williams-Piloten nicht halten konnte. Und trotzdem ließ er sich überrumpeln. Viel zu spät realisierte Schumacher, daß ihn Villeneuve vor der Dry-Sack-Kurve ausbremsen wollte. Und als es Michael dann doch mitkriegte, wußte er sich nicht anders zu helfen, als in den Williams reinzufahren...

Was für die einen ein „dirty-trick" war, werteten die anderen als Reflex eines Racers, der gar nicht anders konnte. Doch außer Diskussion war, daß diese Aktion eines großartigen Sportlers nicht würdig war. Ebenso wenig, wie die dürftigen Stellungnahmen danach: „Jacques hat spät gebremst. Er kann von Glück reden, daß mein Auto da war. Ohne mich hätte er die Kurve überhaupt nicht gekriegt."

Daß Villeneuve zum Schluß die beiden McLaren-Mercedes passieren ließ, war ein Dankeschön: Durch Ausfälle der beiden waren ihm in der Saison etliche Punkte zugefallen.

Ganz, ganz knapp wurde Michael am Ende des Weltmeisterschaftskampfs geschlagen – von sich selber. Was blieb, war seine Prognose für 1998: „Wenn Ferrari im kommenden Jahr nicht Weltmeister wird, dann wird es wohl nie mehr klappen..."

Mit Villeneuve machte er im Morgengrauen an der Hotelbar seinen Frieden, mit den Kommissaren der FIA standen Verhandlungen noch aus. Man wollte seine Darstellung des Crashs noch einmal überprüfen. Millionen Menschen in aller Welt waren traurig. So hatten sie sich das Ende dieser dramatischen Saison nicht gewünscht. Ferrari vertagte die Aktion Weltmeistertitel um ein weiteres Jahr.

ERGEBNISSE 1997

9.3., Australien (Melbourne)
Pole: Villeneuve (CAN), Williams-Renault
1. Coulthard (GB), McLaren-Mercedes
2. M. Schumacher (D), Ferrari
3. Häkkinen (FIN), McLaren-Mercedes

30.3., Brasilien (Interlagos)
Pole: Villeneuve (CAN), Williams-Renault
1. Villeneuve (CAN), Williams-Renault
2. Berger (A), Benetton-Renault
3. Panis (F), Prost-Mugen-Honda
5. M. Schumacher (D), Ferrari

13.4., Argentinien (Buenos Aires)
Pole: Villeneuve (CAN)), Williams-Renault
1. Villeneuve (CAN), Williams-Renault
2. Irvine (GB), Ferrari
3. R. Schumacher (D), Jordan-Peugeot
M. Schumacher: Unfall 1. Runde

27.4., San Marino (Imola)
Pole: Villeneuve (CAN), Williams-Renault
1. Frentzen (D), Williams-Renault
2. M. Schumacher (D), Ferrari
3. Irvine (GB), Ferrari

11.5., Monaco (Monte Carlo)
Pole: Frentzen (D), Williams-Renault
1. M. Schumacher (D), Ferrari
2. Barrichello (BR), Stewart-Ford
3. Irvine (GB), Ferrari

25.5., Spanien (Barcelona)
Pole: Villeneuve (CAN), Williams-Renault
1. Villeneuve (CAN), Williams-Renault
2. Panis (F), Prost-Mugen-Honda
3. Alesi (F), Benetton-Renault
4. M. Schumacher (D), Ferrari

15.6., Kanada (Montreal)
Pole: M. Schumacher (D), Ferrari
1. M. Schumacher (D), Ferrari
2. Alesi (F), Benetton-Renault
3. Fisichella (I), Jordan-Peugeot

29.6, Frankreich (Magny-Cours)
Pole: M. Schumacher (D), Ferrari
1. M. Schumacher (D), Ferrari
2. Frentzen (D), Williams-Renault
3. Irvine (GB), Ferrari

13.7., England (Silverstone)
Pole: Villeneuve (CAN), Williams-Renault
1. Villeneuve (CAN), Williams-Renault
2. Alesi (F), Benetton-Renault
3. Wurz (A), Benetton-Renault
M. Schumacher: Radlager 39. Runde

27.7., Deutschland (Hockenheim)
Pole: Berger (A), Benetton-Renault
1. Berger (A), Benetton-Renault
2. M. Schumacher (D), Ferrari
3. Häkkinen (FIN), McLaren-Mercedes

10.8. Ungarn (Budapest)
Pole: M. Schumacher (D), Ferrari
1. Villeneuve (CAN), Williams-Renault
2. Hill (GB), Arrows-Yamaha
3. Herbert (GB), Sauber-Petronas
4. M. Schumacher (D), Ferrari

24.8., Belgien (Spa-Francorchamps)
Pole: Villeneuve (CAN), Williams-Renault
1. M. Schumacher (D), Ferrari
2. Fisichella (I), Jordan-Peugeot
3. Frentzen (D), Williams-Renault

7.9., Italien (Monza)
Pole: Alesi (F), Benetton-Renault
1. Coulthard (GB), McLaren-Mercedes
2. Alesi (F), Benetton-Renault
3. Frentzen (D), Williams-Renault
6. M. Schumacher (D), Ferrari

21.9.., Österreich (Zeltweg)
Pole: Villeneuve (CAN), Williams-Renault
1. Villeneuve (CAN), Williams-Renault
2. Coulthard (GB), McLaren-Mercedes
3. Frentzen (D), Williams-Renault
6. M. Schumacher (D), Ferrari

28.9. Luxemburg (Nürburgring)
Pole: Häkkinen (FIN), McLaren-Mercedes
1. Villeneuve (CAN), Williams-Renault
2. Alesi (F), Benetton-Renault
3. Frentzen (D), Williams-Renault
M. Schumacher: Aufhängung 3. Runde

13.10., Japan (Suzuka)
Pole: Villeneuve (CAN), Williams-Renault
1. M. Schumacher (D), Ferrari
2. Frentzen (D), Williams-Renault
3. Irvine (GB), Ferrari

26.10., Spanien (Jerez)
Pole: Villeneuve (CAN), Williams-Renault
1. Häkkinen (FIN), McLaren-Mercedes
2. Coulthard (GB), McLaren-Mercedes
3. Villeneuve (CAN), Williams-Renault
M. Schumacher: Crash 48. Runde

Fahrer-WM

1.	Villeneuve (CAN), Williams-Renault	81
2.	M. Schumacher (D), Ferrari	78
3.	Frentzen (D), Williams-Renault	42
4.	Coulthard (GB), McLaren-Mercedes	36
	Alesi (F), Benetton-Renault	36
6.	Berger (A), Benetton-Renault	27
	Häkkinen (FIN), McLaren-Mercedes	27
8.	Irvine (GB), Ferrari	24
9.	Fisichella (I), Jordan-Peugeot	20
10.	Panis (F), Prost-Mugen-Honda	16
11.	Herbert (GB), Sauber-Petronas	15
12.	R. Schumacher (D), Jordan-Peugeot	13
13.	Hill (GB), Arrows-Yamaha	7
14.	Barrichello (BR), Stewart-Ford	6
15.	Wurz (A), Benetton-Renault	4
16.	Trulli (I), Prost-Mugen-Honda	3
17.	Salo (FIN), Tyrrell-Ford	2
	Nakano (J), Prost-Mugen-Honda	2
	Diniz (BR), Arrows-Yamaha	2
20.	Larini (I), Sauber-Petronas	1

Konstrukteurs-WM

1.	Williams-Renault	123
2.	Ferrari	102
3.	Benetton-Renault	67
4.	McLaren-Mercedes	63
5.	Jordan-Peugeot	33
6.	Prost-Mugen-Honda	21
7.	Sauber-Petronas	16
8.	Arrows-Yamaha	9
9.	Stewart-Ford	6
10.	Tyrrell-Ford	2

Gruppenfoto zum Saisonende. Hinten von links: Johnny Herbert, Norberto Fontana, Olivier Panis, Shinji Nakano, Giancarlo Fisichella, Ralf Schumacher, Mitte: Jos Verstappen, Mika Salo, Pedro Diniz, Damon Hill, Jan Magnussen, Rubens Barrichello, Ukyo Katayama, Tarso Marques. Vorne: Gerhard Berger, Jean Alesi, Heinz-Harald Frentzen, Jacques Villeneuve, Michael Schumacher, Eddie Irvine, Mika Häkkinen, David Coulthard.

IL COMMENDATORE

ENZO FERRARI (1898 - 1988)

Im Kosmos der Automobile ist er ein Gott, sein Werk eine Religion, sind seine Anhänger Jünger, seine Sachwalter Hohepriester. Enzo Ferrari gründete vor fünfzig Jahren die Scuderia Ferrari, die edelste Sport- und Rennwagenschmiede der Welt. Ferrari baut keine Autos, Ferrari baut Träume. Neunmal gewannen Fahrer auf Ferrari die Weltmeisterschaft. Der Pilot, den Enzo Ferrari am meisten mochte, aber nie: Gilles Villeneuve. Es ist eine Ironie der Geschichte, daß sein Sohn Jacques Ferrari 1997 den greifbar nahen Titel entriß.

Als Enzo Ferrari mit neunzig starb, am 14. August 1988, dominierte das McLaren-Team völlig die Formel 1. Alain Prost und Ayrton Senna hatten wechselweise sämtliche elf Rennen der Saison gewonnen. Dann stand der Große Preis von Italien an, in Monza, dem Heiligtum des italienischen Motorsports.

An diesem 11. September, knapp einen Monat nach dem Tod des Commendatore, versagte mitten im Rennen der Motor an Prosts McLaren. Senna führte. In der vorletzten Runde, den klaren Sieg vor Augen, machte der Brasilianer einen Fehler. Er touchierte in der Schikane nach Start und Ziel den Williams von Jean-Lois Schlesser. Wütend stieg Senna aus seinem Wagen. Plötzlich war Gerhard Berger auf dem Ferrari in Führung, und sein Teamkollege Michele Alboreto folgte ihm wie ein Schatten mit einer halben Sekunde Abstand. Fast gleichzeitig donnerte das Ferrari-Team über die Ziellinie, umjubelt von den hysterischen Begeisterungsschreien der Ferraristi. Der Glanz von Ferrari war zurückgekehrt – eine stimmungsvollere Abschiedszeremonie für den einzigen wahren Paten der Formel 1 hätte kein Hollywood-Autor erfinden können...

Leider blieb es der einzige Sieg dieses Jahres, der nicht an Prost oder Senna ging, und zum Kummer der Ferrari-Fans ließ auch der nächste Weltmeistertitel viele Jahre auf sich warten. Aber kleiner ist die Fangemeinde deshalb nie geworden, und all die Jahre war eines unvorstellbar: Eine Formel-1-Saison ohne die roten Renner aus Maranello.

Der Mann, der dieses Mythos begründete, Enzo Ferrari, war bodenständig wie eine Eiche. Am 20. Februar 1898 wurde er in Modena geboren, und zeit seines Lebens verließ er das Bermuda-Dreieck zwischen Modena, Maranello und Fiorano kaum. Sein Vater hatte eine kleine Firma, die für die Bahn arbeitete. Er starb indes früh, kurz darauf folgte ihm Enzos älterer Bruder. Der zwanzigjährige Enzo war auf sich allein gestellt, als er aus dem Ersten Weltkrieg heimkehrte. Er fand eine Stellung als Testfahrer und kam 1920 zu Alfa Romeo nach Mailand. Dort übernahm er mehr und mehr die Aufgaben eines Rennleiters und er fuhr auch selber recht erfolgreich Rennen.

1923 spielten zwei Frauen schicksalhafte Rollen in Enzo Ferraris Leben, die Tänzerin Laura Garello, die seine Frau wurde, und die Gräfin Francesco Baracca. Sie schenkte ihm das Wappen ihres tödlich verunglückten Sohnes, der im Weltkrieg Italiens erfolgreichster Jagdflieger gewesen war. Das Wappen zeigte ein sich aufbäumendes Pferd. Enzo Ferrari ließ sich das „cavallino rampante" schützen.

Ab 1929 betreute Enzo mit einer eigenen Firma die Alfa-Rennwagen von Privatfahrern. Als sich Alfa vier Jahre später aus dem Rennsport zurückzog, übernahm Enzo das komplette Werksteam. Von nun an fuhren die Alfa unter dem Namen Scuderia Ferrari. 1940 indes kam es zum unkittbaren Krach zwischen der Alfa-Direktion und Enzo Ferarri. Der Konzern ließ dem Einzelkämpfer per Gericht verbieten, Rennwagen unter dem Namen Ferrari starten zu lassen. Das Verbot galt vier Jahre, und Enzo Ferrari sann auf Rache. Statt Autos baute er nun Kugellager, in einer neuen Fabrik in Maranello, die bis heute Firmensitz geblieben ist – angeblich mit gestohlenen deutschen Patenten.

Doch schon 1947 präsentierte Ferrari einen eigenen Sportwagen, mit 12 Zylindern und 1500 ccm Hubraum. Die Rennversion des 125S nahm erstmals am 11. Mai 1947 an einem Stadtrennen teil. Dieses Datum wird in der Firmenchronik als Gründungstag der Scuderia Ferrari geführt.

Enzo Ferrari, mittlerweile über 50, hatte ein großes Ziel: Er wollte mit einem eigenen Formel-1-Wagen an den neueingeführten Weltmeisterschaften teilnehmen. Der dafür gebaute Wagen trug wiederum die Bezeichnung 125, aber statt der 115 PS des Sportwagens hatte er 290. Damit gingen zum zweiten WM-Start, in Monte Carlo, drei Fahrer an den Start. Alberto Ascari wurde Zweiter. Als im fol-

genden Jahr Froilan Gonzales in Silverstone den ersten Ferrari-Sieg holte, mit dem neuen 375, einem V12, da soll Enzo Ferrari gezischt haben: „Ich habe meine Mutter ermordet."

Die „Mutter" Alfa Romeo, seit dem Rechtsstreit 1940 Enzos Erzfeind, verabschiedete sich zum Saisonende prompt aus der Formel 1, und das neue Ferrari-Modell 500 war in den Händen von Alberto Ascari unschlagbar. Mit dem Wagen gelangen zwölf Grand-Prix-Siege in Folge, zwei Weltmeisterschaften wurden gewonnen. Damit war Ferraris legendärer Ruf begründet. Die Scuderia Ferrari wurde zum Nationalteam, Enzo Ferrari zum Nationalhelden. Die Siege waren aber auch wichtig, denn von den Preisgeldern zahlte Ferrari in den ersten Jahren die Gehälter und Löhne seiner Mitarbeiter.

Enzo Ferrari wurde mit „Commendatore" angesprochen. Er war kein freundlicher Mann, sondern eigenwillig, bestimmend. Leute, die ihn verärgerten, zerriß er in der Luft. Mißliebige Zeitgenossen, die sich in Maranello zur Audienz einfanden, ließ er gelegentlich stundenlang warten, auch wenn ihre Namen noch so klingend waren.

Juan Manuel Fangio hatte wenig Sinn für diese Spielchen, als er 1956 als dreifacher Weltmeister zu Ferrari kam. Sein bisheriger Arbeitgeber Mercedes hatte sich aus der Formel 1 zurückgezogen, und Ferrari hatte gerade einen großen Fischzug gelandet: Der Commendatore übernahm die gesamte Rennsportabteilung von Lancia, wie es hieß zum Nulltarif. Ferrari verschrottete seine eigenen Wagen und baute den Lancia D50 weiter auf. Damit holte Fangio seinen vierten Titel, ehe er sich – der Reibereien mit dem Commendatore überdrüssig – Richtung Maserati verabschiedete, und dort sogleich Titel Nummer fünf einheimste.

Tod des Sohnes

Dieses Weltmeisterschaftsjahr 1956 war indes ein bitteres Jahr für Enzo Ferrari. Sein Sohn Alfredo, von Kind an Dino genannt, hatte sich langsam in die Firma eingearbeitet. Aber der 24jährige erkrankte an Muskelschwund, er starb 1956. Enzo Ferrari litt unsäglich an diesem Verlust, trug viele Jahre eine schwarze Krawatte und besuchte tagtäglich das Grab.

Dino war der einzige Sohn aus einer merkwürdigen Ehe, die erst Lauras Tod 1978 beendete. Aber aus Enzos zahlreichen Liebesaffären war ein weiterer Junge hervorgegangen, Piero, 1945 geboren. Enzos Frau hat ihn irgendwann akzeptiert, er wurde adoptiert, leitet heute die Geschicke der Firma als Vize unter Präsident Luca di Montezemolo.

Ferrari, das ist ja nicht nur ein Rennstall, es ist vor allem ein Werk für Luxussportwagen, die zu den edelsten und teuersten Karrossen zählen, die auf dieser Welt zu haben sind. Dort wird das Geld verdient, das die Sportabteilung am Leben erhält. 3.500 Exemplare sind es im Jahr, davon gehen knapp 600 nach Deutschland. Die Preise liegen zwischen 220.000 und 380.000 Mark.

Fast zu Ford

1969 wollte sich Ferrari von der Serienproduktion trennen. Er verhandelte mit Ford. Aber die Detroiter wollten auch Einfluß auf die Rennsportabteilung neh men. Wütend brach der 71jährige Commendatore die Verhandlungen ab. Mit Fiat kam er schnell ins Geschäft. Die Turiner übernahmen erst 50 Prozent der Anteile, nach Enzos Tod weitere 37. Der Rest gehört der Familie Ferrari.

Der Commendatore war von geradezu unverfrorener Ungerechtigkeit. Wenn er aber jemanden mochte, durfte der sich fast alles herausnehmen. „Mein Wagen fährt sich wie ein großer roter Cadillac", stänkerte Gilles Villeneuve nach dem Training zum Grand Prix von Spanien 1981, Platz sieben. Sprach's – und gewann am nächsten Tag. Verziehen hätte ihm der Alte auch so, der stürmische Kanadier war für ihn wie ein Sohn. Und er litt wie ein Hund, als dieser Junge in einem seiner Autos sterben mußte, ausgerechnet in dem Jahr, in dem Ferrari wieder ein konkurrenzfähiges Auto gebaut hatte.

Er hat es immer beklagt, wenn einer seiner Fahrer im Rennen den Tod fand, allein im Formel-1-Sport waren es sechs große Namen: Eugenio Castelotti,

Vizepräsident des Konzerns: Piero Ferrari, der Sohn des Commendatore, hier mit Michele Alboreto (l.).

Luca Cordero di Montezemolo Il Presidente

Er war bereits in den siebziger Jahren bei Ferrari. Damals hat er mit Niki Lauda der Scuderia zwei glanzvolle Weltmeisterschaften beschert.

1991 kehrte Luca Cordero di Montezemolo zu Ferrari zurück, nicht nur zuständig für die Rennaktivitäten, sondern als Nachfolger Enzo Ferraris Präsident des gesamten Unternehmens.

Montezemolo, schmächtig, aristokratisch und charismatisch, ist eine Identifikationsfigur, wie sie im Buche steht. Der 50jährige kommt immer sonnengebräunt, wirkt stets gutgelaunt, voller Optimismus. An den Pisten gehört Montezemolo zu den am meisten fotografierten Persönlichkeiten. Er badet genüßlich in der Sympathie, die ihm allenthalben entgegenschlägt. Montezemolo gilt als begnadeter Rhetoriker, der druckreife Ausführungen mit eleganten Bewegungen der Hände und des Kopfes untermalt. Schlagfertig bringt er die Dinge auf den Punkt oder schmettert Kritik mit feiner Ironie ab.

Maranello ist für ihn lediglich die Basis, von der er weltweit operiert, überall dort präsent ist, wo der Kultbegriff Ferrari zelebriert wird. Schon dies unterscheidet ihn von seinem monumentalen Vorgänger, Firmengründer Enzo Ferrari. Montezemolo geht seinen eigenen Weg. Einige Stationen aus dem Lebenslauf eines Hochbegabten:

1971 Juraexamen in Rom, Spezialisierung auf internationales Handelsrecht an der Columbia-Universität New York.

1973-77 Assistent von Enzo Ferrari, Manager der Rennabteilung, zwei Weltmeisterschaften mit Niki Lauda (1975 und 77).

1977-81 PR-Chef der Fiat-Gruppe.

1981-83 Geschäftsführer der Fiat-eigenen Verlage - darunter ist Italiens führende Tageszeitung „La Stampa".

1984-85 verantwortlich für den Einsatz der „Azzurra", des ersten italienischen Rennboots im America-Cup.

1985 - 1990 Chef des Komitees, das die Fußballweltmeisterschaft 1990 in Italien organisierte.

1991 gehörte zu seinen ersten Taten bei Ferrari die Entmachtung und Entlassung des nörgelnden Fahrers Alain Prost. Er holte Gerhard Berger zur Scuderia zurück, stärkte jahrelang Jean Alesi den Rücken - um sich 1995 in einer spektakulären Aktion von beiden zu trennen. Montezemolo unterzeichnete den 25-Millionen-Dollar-Scheck für Schumachers erstes Ferrari-Jahr. Er wußte, unter welchen Erfolgsdruck er sich damit setzte.

Jean Todt Rennleiter

Die Szene sagt eine Menge über den Mann: Jean Todt, das Gesicht wie ein satter und glücklicher Säugling geborgen an Michael Schumachers Brust. Das ist am 2. Juni 1996, und Schumi hat just das Regenwunder von Barcelona vollbracht, erstmalig Platz eins für den Ferrari F310.

In der rührenden Gebärde löste sich ein emotionaler Stau. Am 1. Juli 1993 zog der kleine Franzose aus, das Gestrüpp aus Anmaßung und Eitelkeit zu roden, das die Dienst- und Kommunikationswege innerhalb der roten Rennorganisation überwuchert hatte und das Siegen für die Scuderia so schwer machte. Mit 380 Mitarbeitern ist die Sportabteilung ein Staat im Ferrari-Staat. 17mal im Jahr tritt dieses Rollkommando („Squadra Corse") zum Außendienst an. Mit zwei GP-Siegen 1994 und 1995 blieb die Ausbeute noch mager. Man begann, Autorität und Kompetenz des Ferrari-Renngenerals Todt zu bezweifeln.

Jean Todt: kein strahlender Siegfried, eher ein Antiheld. Ritter der Ehrenlegion, aber auch ein bißchen Ritter von der traurigen Gestalt. Erfolg ist sein Markenzeichen. Der Franzose, 1946 in Pierrefort geboren, begann seine Rennkarriere 1961 als Rallye-Beifahrer, später saß er selber am Steuer. Er kennt Weltmeisterehrungen: 1977 zog er sich nach dem Gewinn des Rallye-Championats auf Talbot aus dem aktiven Sport zurück.

Zwischen 1981 und 93 organisierte Jean Todt die Motorsportaktivitäten der Peugeot-Talbot-Gruppe. Unter seiner Leitung verbuchten die französischen Rennteams zahlreiche Erfolge: Peugeot wurde dreimal Markenweltmeister im Rallye-Sport (85, 86, 92), gewann zweimal die 24 Stunden von Le Mans (92, 93) und viermal die Rallye Paris-Dakar.

Als Peugeot 1992 mit der Entwicklung eines eigenen Formel-1-Motors begann, wuchs Todt in die Formel-1-Szene hinein. Mitte 1993 unterzeichnete er in Maranello einen Vertrag bei Ferrari - als Rennleiter.

Die Strategie des kleinen Mannes ist listig, wie er 1997 in Suzuka bewiesen hat, als Irvine den WM-Führenden Villeneuve geschickt abblockte. Sein Führungsstil gilt als mild in der Methode, aber unnachgiebig in der Sache.

In der Neidgenossenschaft Formel 1 tut seine Sachlichkeit wohl:. „Wenn andere gewinnen sind sie einfach besser als wir." Er räumt illusionslos ein, daß das Auto manchmal pro Runde eine Sekunde langsamer ist als Pilot Michael Schumacher: „Unsere Aufgabe ist es, diese Lücke zu schließen."

Luigi Musso, Peter Collins, Wolfgang Graf Berghe von Trips, Lorenzo Bandini, Gilles Villeneuve, hinzu kamen Todesstürze in anderen Rennserien.

Tagelang war er depremiert, schwer ansprechbar. Immer suchte er die Schuld im Verhalten der Fahrer oder der Unfallbeteiligten, nie am Auto. Auch Niki Laudas Sicherheitsbestrebungen nach seinem Nürburgring-Unfall hat er nie recht akzeptiert. Da konnte er seinen ungeliebten Weltmeister Fangio anführen: „Der fuhr im Polohemd, wurde fünfmal Weltmeister und lebt immer noch."

„Frauen gleich Hennen"

Ein Greuel waren dem Frauenheld die Frauen der Piloten im Fahrerlager: „Gleich Hennen auf ihren Stangen sitzen sie auf Hockern in den Boxen, in langen, engen Hosen, mit riesigen Sonnenbrillen und mit Chronometern bewaffnet."

Enzo Ferrari verschliß zwischen 1947 und seinem Tod dreizehn Rennleiter. Sie wirkten stets im Schatten des Machtmenschen, hatten so gut wie nichts zu sagen – trotz ihres klingenden Titels: Direttore sportivo.

„Der eigentliche Direktor", sagt der Journalist Franco Lini, 1966 für etwas mehr als eine Saison in dieser Funktion, „war natürlich Enzo Ferrari selbst." Der Alte sei sogar über Öl- und Wassertemperaturen stets telefonisch informiert gewesen und habe die Drähte von Maranello aus gezogen, dem Nabel seiner Welt. Denn er haßte die Menge, fuhr ungern mit dem Zug und vertraute sein bedeutendes Schicksal nie einem Flugzeug, Schiff oder auch nur Lift an.

Ab 1957 fuhr Enzo nur noch zum Heim-Grand-Prix nach Monza. Er wurde immer eigenbrödlerischer, immer mehr einem Einsiedler ähnlich. Als ihn im Juni 1988 Papst Johannes Paul II. besuchen wollte, war er zu schwach, ihn zu empfangen. Die beiden alten Herren telefonierten über die Hausanlage, und der Papst genoß anschließend ein paar Runden auf der Übungsstrecke, mit Ferraris Sohn Piero am Steuer.

Zwei Monate später schloß der Commendatore die Augen für immer. Die Scuderia aber lebt weiter, auch die Straßenwagenproduktion unter dem Namen Ferrari läuft auf Touren. Die Faszination des Rennstalles ist ein einmaliges Phänomen. Selbst in Jahren, in denen die Scuderia nicht einen einzigen Sieg einfuhr, und es gab etliche dieser Jahre, wuchs die Fangemeinde unaufhörlich.

Üble Rivalitäten

Die Autos von Ferrari gehörten immer zu den schönsten auf den Rennstrecken, nur leider nicht zu den zuverlässigsten. Winzige Schlampereien, eine schlecht angedrehte Schraube, eine vergessene Dichtung, haben Rennfahrer stranden lassen, eitle Konstrukteure haben Trends der Zeit verschlafen. Nach dem Tod des Commendatore gab es üble Rivalitäten in der Führungsriege, Palastrevolutionen, Rausschmisse. Nur eines gab es kaum noch: Siege, und das trotz eines Jahresetats, der mittlerweile auf 250 bis 300 Mio Dollar angeschwollen ist – viel mehr, als jedem anderen Rennstall zur Verfügung steht.

1991 kam Luca di Montezemolo als Präsident ins Haus, mit ihm Niki Lauda als Berater. Jean Todt wurde 1993 engagiert. Es kam zeitweise zu Kompetenzgerangel zwischen dem Franzosen und dem Österreicher. Montezemolo glättete die Fronten.

Michael Schumacher hatte im Herbst 1995 eine schwere Aufgabe vor sich, und er wurde keineswegs mit offenem Herzen empfangen. Das Team trauerte Gerhard Berger und Jean Alesi nach. Der beste Rennfahrer der Welt, bereits zwei Weltmeistertitel im Gepäck, war zehn Jahre, als Ferrari zum letztenmal einen Champion stellte. Mit 27 sollte er das Unmögliche möglich machen – dem Mythos Ferrari wieder zu Siegen verhelfen.

FERRARI IN FAKTEN

Gegründet 1947

Firmensitz:	Maranello. Bau der Rennwagen in Fiorano. Ferrari Deutschland: Sitz in Wiesbaden.
Teststrecke:	Fiorano, gebaut 1972, 3000 Meter lang. Außerdem befindet sich seit 1988 die Rennstrecke in Mugello im Firmenbesitz.
Personal gesamt:	1.450 Mitarbeiter
Rennteam:	380 Mitarbeiter
Produktion 1996:	3.313 Fahrzeuge In Deutschland sind zur Zeit ca. 5.500 Ferrari aller Baujahre zugelassen.
Umsatz 1996:	800 Milliarden Lire (= knapp 1 Milliarde DM)
Ferrari-Museum:	Die Galleria Ferrari befindet sich im Zentrum von Maranello. Sie gibt einen lückenlosen Überblick über die 50jährige Formel-1-Geschichte von Ferrari.
Firmenanschrift:	Ferrari Spa Casella Postale 589 I-41100 Modena Tel. 0039-536-949111, Fax 0039-536-949501
Internet-Adresse:	http://www.ferrari.it

DIE FERRARI-CHRONIK

Auf den folgenden Seiten wird die Historie von Ferrari erzählt
- bis zu Michael Schumachers Beitritt zur Scuderia.
Die Chronik beginnt bei Alberto Ascaris erstem Rennen
(Monte Carlo 1950), das er als Zweiter beendete.
Und sie schließt bei Jean Alesi, der 1995 seinen ersten Sieg feierte.
Auf diesen Seiten wird deutlich, welche Hoffnung nach einer endlosen Serie
der Enttäuschungen auf Michael Schumacher liegt.

Ferrari ist der einzige Rennstall, der bereits 1950 in die Formel 1 eingestiegen ist - und auch zur Jahrtausendwende am Start stehen wird. Was denn die Historie seines Hauses ausmache, wird Ferrari-Präsident Luca di Montezemolo bei der Pressekonferenz zum 50. Geburtstag der Firma am 30. Mai 1997 in Rom gefragt. „Augenblicke tiefer Tragik und Momente intensiven Glücks", antwortet er. „Und langes Warten. Und zähe Geduld." In den 48 Saisons der neueren Grand-Prix-Geschichte ist der Scuderia in der Tat jeder Höhenflug vergönnt und kaum eine Katastrophe erspart geblieben.

1950
Früher Einstieg

Die Formel 1 beginnt als überwiegend italienische Veranstaltung. Am Start stehen Wagen der Teams Alfa-Romeo, Ferrari, Maserati, Talbot und Gordini.

Das erste Jahr ist geprägt von solider Aufbauarbeit. Das Reglement läßt den Konstrukteuren eine grundsätzliche Alternative: 1,5 Liter mit Kompressor oder 4,5 Liter ohne. Ferrari entscheidet sich zunächst - wie Alfa Romeo - für aufgeladene Maschinen. Die 1,5 Liter werden auf schnapsglasgroße zwölf Zylinder mit je 125 ccm verteilt. Daher kommt auch die Typenbezeichnung 125: Die Ferrari mit Frontmotor werden nach der Kubikzahl pro Zylinder benannt.

1950 beherrschen die Alfetta die Piste. Ihre Piloten Juan Manuel Fangio und Giuseppe Farina gewinnen je drei der insgesamt sechs Grand Prix. Farina wird erster Weltmeister der Formel 1, auch die Ränge 2 und 3 belegen Alfa-Piloten.

Aber die Ferrari kommen: Ab dem Großen Preis von Belgien in Spa führt Motoren-Ingenieur Aurelio Lampredi sie schrittweise an das Hubraumlimit 4,5 Liter heran. Beim letzten Rennen in Monza ist es soweit. 350 PS bei 7.000 U/min leistet der 375/F1, ein Zwölfzylinder mit 4.493 ccm Volumen. Ferrari-Pilot Ascari wird Zweiter hinter Farina, nachdem er seinen Landsmann Serafini am Lenkrad von dessen Wagen abgelöst hat (Was bis 1956 laut Reglement erlaubt ist. Die Punkte werden geteilt.).

1951
Erste Siege

Zur Sternstunde gerät der 14. Juli 1951: Erster Sieg für Ferrari beim Großen Preis von England durch den Argentinier Froilan Gonzalez, den sie den Stier der Pampas nennen.

Das läßt seinen Teamkollegen Ascari nicht ruhen. Er gewinnt am Nürburgring und in Monza. Beim Finale in Pedralbes bei Barcelona am 28. Oktober kommt es zum Shootout. Fangio oder Ascari? Noch einmal Alfa Romeo oder schon Ferrari?

Großer Preis von Italien 1951: Ferrari-Pilot Alberto Ascari (v.) überrundet den amtierenden Weltmeist

Da verwählen sich die Ferrari-Leute bei der Felgengröße, und Fangio holt sich den Sieg und seinen ersten Weltmeistertitel.

Überraschend gibt Alfa Romeo zum Saisonende seinen Ausstieg aus der Formel 1 bekannt. Nach zwei gewonnenen Weltmeisterschaften ist man nicht mehr bereit, das nötige Geld in die Entwicklung eines neuen Autos zu stecken. Denn 1952 und 53 sollen die Grand Prix auf Fahrzeugen der Formel 2 ausgetragen werden - auf Fahrzeugen mit 2 Litern Hubraum.

Ferraris erster Sieg: Beim GP von England 1951 schlägt Froilan Gonzales den Alfa-Piloten Fangio (l.).

na auf der Alfetta und siegt. Der 4,5-Liter-V12 aus Maranello leistet 350 PS. Die WM 51 machen Alfa-Romeo und Ferrari unter sich aus.

Reichlich Lorbeer erntet Ferraris Doppelweltmeister Ascari.

ALBERTO ASCARI
(1918 - 1955)
WELTMEISTER 1952 UND 1953

Der Mailänder Fiat-Händler Alberto Ascari war ein ruhiger Geschäftsmann: verheiratet, zwei Kinder, gesetzestreu, ein bißchen abergläubisch. Ganz anders der Rennfahrer Ascari: erdrückend, fast schon demütigend überlegen. Er gewann 13 seiner 32 Grand Prix, immer auf Ferrari. Ascari fuhr punktpräzise, besonnen und kalt: Beim Großen Preis von Deutschland 1953 auf dem Nürburgring lag er in Führung. Plötzlich traf er auf drei Rädern und einer kreischenden Bremstrommel an der Box ein - noch nicht einmal langsam. Das Rennen gewann er.

In der 81. Runde des Grand Prix von Monaco 1955 flog er in den Hafen. Beobachter sahen, daß er bereits fertig zum Absitzen war, während sich sein Lancia noch in einer ballistischen Flugbahn dem Mittelmeer näherte.

Für diesmal kam er ungeschoren davon. Drei Tage später, am 26. Mai 1955, erfuhr die Welt respektvoll erschüttert vom Ableben Alberto Ascaris. Er wollte in Monza mal eben ein paar Runden mit einem Dreiliter-Ferrari-Rennsportwagen drehen, in Hemdsärmeln und ohne Helm. Niemand hat den Unfall gesehen.

Fast auf den Tag genau 30 Jahre zuvor war Ascaris Vater, ebenfalls Berufsrennfahrer, tödlich verunglückt. Antonio Ascari wurde beim Großen Preis von Frankreich 1925 aus dem Auto geschleudert. Er starb - wie später der Sohn - mit 36, beide hinterließen jeweils ein Mädchen und einen Jungen. Bei beiden wurde die Unfallursache nie geklärt.

Von Anfang an sind die Wagen der Scuderia rot lackiert. Beim deuts

Grand Prix 1953 auf Formel-2-Wagen. Neueinsteiger Mike Hawtho

›53 setzt Ferrari sieben Autos ein.

1952
Ascari Champion

Für prall gefüllte Starterfelder und gegen Monotonie an der Spitze scheint eine bunte Vielfalt von Marken die Basis zu bieten: AFM und HWM, Connaught, Cooper Bristol und Gordini, Ferrari und Maserati stellen Boliden der Formel 2 an den Start. Am Ende sind es gleichwohl die Italiener, welche die Sache unter sich ausmachen. Gegen die Kombination von Alberto Ascari und Ferrari indessen ist kein Kraut gewachsen.

Schon frühzeitig befindet der Commendatore, eigentlich bekennender Exponent des V12, man müsse der neuen Formel mit vier Zylindern zu Leibe rücken. In nur drei Monaten bringt Aurelio Lampredi ein solches Aggregat auf die Bremse: einen Vierzylinder-Reihenmotor mit 1.985 ccm, zwei obenliegenden Nockenwellen, Doppelzündung und vier Vergasern, Leistung anfänglich 160 PS bei 7.000 U/min, später bis zu 190 PS. Der Katalog seiner Tugenden ist eindrucksvoll: Stärke und Robustheit, ein gutes Drehmoment und Sparsamkeit. Und flink und behende ist er, der 500/F2: Ascaris Rekordrunde am Nürburgring 1952 kommt auf zwei Zehntelsekunden an Fangios Bestzeit von 1951 mit dem Alfetta heran. In diesem Jahr gewinnt der Mailänder sechs der sieben Läufe, überläßt seinem Markengefährten Piero Taruffi mit dem Großen Preis der Schweiz auf dem Bremgartenkurs bei Bern lediglich den Ehrentreffer.

Das Jahr 1952 endet mit einem einzigartigen und unwiederholbaren Triumph für die Roten aus Maranello: Alberto Ascari wird Weltmeister, seine Teamkollegen Giuseppe Farina, Piero Taruffi und Rudolf Fischer belegen die Ränge 2, 3 und 4. Damals, das ist an der Vielzahl der Ferrari-Piloten zu erkennen, darf jedes Team eine beliebige Anzahl Autos an den Start stellen.

Einer pausiert allerdings 1952: Juan Manuel Fangio, nach Alfas Rückzug zu Maserati gewechselt, ist zum Saisonbeginn verunglückt und muß ein Jahr aussetzen.

1953
Zweiter Titel

Schnellster im Feld ist Ferrari-Konkurrent Maserati mit dem Sechszylinder A6GCM, vor allem wenn der wiedergenesene Fangio am Volant sitzt. Der Maserati wird allerdings von zwei Macken eingebremst: seiner altertümlichen Starrachse und den freizügigen Konsumgewohnheiten, die quälend lange Boxenstopps zur Folge haben.

1953 liefert man sich Kämpfe bis aufs Messer, insbesondere im Windspiel der Vollgaskurse von Reims und Monza.

In Reims gibt Ferrari-Novize Mike Hawthorn nach einem Vollgas-Inferno von fast drei Stunden Fangio um zwei Meter das Nachsehen. Mit diesem Erfolg beendet Hawthorn gleichzeitig die Siegesserie seines Ferrari-Kollegen Ascari, der neun Grand Prix

›winnt gleich sein fünftes Rennen.

Nach Alfas Ausstieg zu Ferrari: Weltmeister Dr. Giuseppe Farina.

hintereinander gewonnen hatte.

Beim Grand Prix von Italien wechselt die Führung zwischen und innerhalb der Teams Ascari und Farina auf Ferrari und Fangio und Marimon auf Maserati 26 Mal. Fangio wird der Sieg gewissermaßen auf einem silbernen Tablett serviert, als sich Ascari in der letzten Kurve dreht und von Marimon touchiert wird. Am Nürburgring siegt Farina. Es ist der erste und einzige Sieg des Weltmeisters von 1950 in einem Ferrari.

Mit einer beeindruckenden Bilanz wird Ascari zum wahrhaft würdigen Champion: fünf von acht Läufen beendet er siegreich.

1954
Wieder Formel 1

Auf das Zwischenspiel der Formel-2-Wagen folgt zwischen 1954 und 1960 wieder eine ausgewachsene Formel 1 mit 2,5 Litern. Ferrari knüpft dort an, wo man gerade aufgehört hat. Der Tipo 625/F1 (2.498 ccm, 250 PS bei 7.200 U/min) ist eine Weiterentwicklung des Vierzylinders 500/F2. Aber was gerade noch der letzte Schrei war, ist plötzlich nur Schnee von gestern. Mit dem neukonstruierten 553/F1 (die Zahl steht für Tipo 500, Konstruktionsjahr 53) geht man neue Wege: man verwendet einen Gitterrohrrahmen und verlegt die Tanks vom Heck an die Seiten.

Ferrari kann mit der alten Motorenkonstruktion indes nicht an die Erfolge der letzten beiden Jahre anknüpfen. Zudem rollt ab dem vierten Lauf Mercedes mit seinen „Silberpfeilen" an den Start

Harter Kampf 54: Beim GP Italien schießt Fangio im Mercedes-Silberpfeil an Ascaris Ferrari vorbei.

1956: Juan Manuel Fangio neben seinem englischen Teamkollegen Peter Collins am Nürburgring. De

Silverstone 1954: Im neuen F1-Wagen 625 feiern Gonzales (vorn) und Hawthorn einen Doppelsieg.

entinier gewinnt das Rennen. Fangio fährt nur ein Jahr für Ferrari und holt seinen vierten Meistertitel.

und wirbt Fangio von Maserati ab. Er und sein deutscher Teamkollege Karl Kling gewinnen gleich das erste Rennen (in Reims) und überrunden den besten Ferrari-Piloten. Den roten Rennern aus Maranello bleiben 1954 gerade mal zwei Siege übrig, in Silverstone (mit Gonzalez) und Pedralbes (durch Hawthorn). Immerhin belegen die beiden nach Fangio noch die Ränge 2 und 3 in der WM-Endabrechnung.

1955
Lancia-Übernahme

Der „Hai" 555/F1 beißt sich an den Mercedes-Piloten Fangio (4 Siege) und Stirling Moss (1 Sieg) vollends die Zähne stumpf. Nur ein einziger Sieg bleibt 1955 für Ferrari in Monaco. Maurice Trintignant gewinnt nach Ausfällen der beiden Mercedes-Piloten und einem spektakulären Unfall von Ascari: Der Doppelweltmeister stürzt mit seinem Lancia kopfüber ins Hafenbecken. Er bricht sich zwar nur das Nasenbein - drei Tage später indes verunglückt er tödlich in einem Ferrari-Sportwagen.

Tief bewegt vom Tod seines Piloten zieht sich Lancia-Boß Gianni Lancia aus der Formel 1 zurück. Er schenkt dem Commendatore im Juli 1955 seinen kompletten Rennstall. Umgehend unterziehen die Ferrari-Techniker den Lancia D50 intensiver stationärer Behandlung. Die Ingenieure integrieren die separaten seitlichen Tanks in den Rumpf, überarbeiten die De-Dion-Achse hinten, ersetzen die Blattfedern vorn durch Schraubenfedern. Das

Herzstück des Wagens, einen V8 mit vier obenliegenden Nockenwellen, belassen sie. Er ist als tragendes Element des gesamten Fahrzeuges konstruiert.

1956 Fangios Triumph

Mit dem Lancia D50, der nun Ferrari heißt, haben die Roten ein konkurrenzfähiges Auto gewonnen. Aber der Weg zur Weltmeisterschaft führt in jenen Jahren nur über einen Mann: Juan Manuel Fangio. Der ist ohne Vertrag, weil sich Mercedes vom Motorsport zurückgezogen hat. Grund ist der schwere Unfall des Mercedes-Piloten Pierre Bouillon („Levegh"), dem beim 24-Stunden-Rennen von Le Mans 80 Zuschauer zum Opfer fielen.

Der Commendatore wirbt halb widerstrebend um den Argentinier Fangio, und auch der kommt nur zögernd: Die zwei Denkmäler, beide ausgeprägte Persönlichkeiten, sind einander nicht besonders grün. Tatsächlich holt sich Fangio das Championat 1956 mit dem Ferrari-Lancia nur mit Ach und Krach, siegt in lediglich drei der sieben Rennen jenes Jahres. In Monza stellt ihm sein Teamgefährte Peter Collins gar ritterlich seinen eigenen Wagen zur Verfügung, und erst jetzt reicht es Fangio zu drei Punkten Vorsprung und dem WM-Titel vor dem ewigen Zweiten Stirling Moss. Der 25jährige Engländer Collins vergibt durch seine großherzige Tat seine eigenen Titelchancen. Der junge Gentleman: „Fangio ist 45. Ich habe noch viel Zeit, Titel zu holen."

Nach Ascaris tödlichem Unfall schenkt Lancia der Scuderia seinen Rennstall. Der D50 wird von Ferra

Anderthalb Jahre später verunglückt er tödlich, ohne jemals Champion geworden zu sein.

1957 Siegloses Jahr

Weltmeister Fangio trennt sich nach einem Jahr wieder von der Scuderia. Der Commendatore setzt nun überwiegend auf junge Fahrer. Insgesamt acht Piloten gehen 1957 für Ferrari an den Start - darunter auch der junge deutsche Graf Wolfgang Berghe von Trips. Aber das Jahr ist von Tragödien geprägt. Die Ferrari-

Sieben Fahrer auf fünf Autos setzt Ferrari 1956 ein. In Reims wird

erentwickelt. Fangio holt damit 56 auf Anhieb den Weltmeistertitel.

ngio von Castelloti und Collins gejagt. Peter Collins (hinten) siegt.

JUAN MANUEL FANGIO
(1911 - 1995)

WELTMEISTER MIT FERRARI 1956

WEITERE TITEL 1951, 54, 55, 57

Er kam aus einer argentinischen Bauernfamilie und fuhr seine ersten Rennen auf einem umgebauten Taxi. Der zweite Weltkrieg unterbrach seine Karriere. Er war bereits 38, als er 1949 in Europa zu ersten Rennen startete - und fast immer gewann. Alfa Romeo sicherte sich den „old man", als 1950 die erste Formel-1-Weltmeisterschaft anstand. Im zweiten Jahr holte sich Fangio den ersten WM-Titel. Danach stieg Alfa aus dem GP-Sport aus. Fangio gewann auf den Mercedes-Silberpfeilen die Weltmeisterschaften 1953 und 54. Als sich auch Mercedes zurückzog, unterschrieb Fangio 1956 bei Ferrari.

„Sein Blick wich meinem aus. Auf meine Fragen gab er seltsame Antworten mit dieser eigenartigen kleinen Stimme. Er war ein Rätsel, das ich nicht lösen konnte." So sprach eine Legende über eine andere Legende: Enzo Ferrari in seiner Autobiografie über Juan Manuel Fangio. Die beiden mochten sich nicht sonderlich. Aber sie schätzten sich.

Erst als die beiden völlig in den Mythos entrückt waren, 1987 bei der 40-Jahres-Feier von Ferrari, gab man sich die Hand. Die Initiative war von Fangio ausgegangen.

Fangios Charisma war keineswegs nur das der großen Zahl: fünf Weltmeisterschaften, Siege in 24 seiner 51 Grand Prix, also fast der Hälfte, 28 Pole-Positions und 23 schnellste Runden. Den Maestro nannten sie ihn, den Meister. Denn Fangio gebot über das Undefinierbare, das man Persönlichkeit nennt. Damit lastete er auf seinen Gegnern, die ihn fürchten wie einen grausamen Zuchtmeister.

„Wenn Fangio einen Raum betreten hat, spürte man, daß jemand drin ist", sagte Phil Hill über ihn. Auch vor der eigenen Person machte Fangios Strenge nicht halt. Die Gluthölle des Großen Preises von Argentinien 1955 stand er durch, obwohl ihm der Gitterrohrrahmen des Mercedes das Schienbein grillte. „Ich habe einfach an meterhohen Schnee und eisige Kälte gedacht", sagte er achselzuckend.

Fangio starb am 16. Juli 1995 nach langer, schwerer Krankheit.

1956: Weltmeister Juan Manuel Fangio (45) mit Peter Collins (25).

Fahrer Eugenio Castellotti (26 Jahre) und Alfonso de Portago (28) verunglücken tödlich.

Aus dem Lancia-Präsent ist ein richtiger Ferrari geworden, der 801: ein V8-Aggregat mit 285 PS bei 8.800 U/min, rundlich und mit einem Gitterrohrrahmen als Rückgrat. Fangio indessen, zu Maserati gewechselt, zeigt der Ferrari-Truppe in geradezu demütigender Weise, wo es lang geht. Keine Pole-Position, kein einziger Sieg steht am Jahresende in der Bilanz von Maranello, während Fangio für die Ferrari-Nachbarn in sieben Rennen vier Siege einfährt und wiederum vor Stirling Moss (jetzt Vanwall) den Weltmeistertitel holt.

1958 Mittelmotoren

Juan Manuel Fangio, der Maestro, zieht sich mit seinen fünf Titeln 1958 vom Rennsport zurück. Dafür erwächst den Roten aus Maranello neue Konkurrenz aus England: flinke Leichtbau-Kreationen mit der Maschine hinter dem Fahrer, wie die Cooper-Modelle T51 und T53, die dem Australier Jack Brabham 1959 und 1960 seine ersten beiden Championate bescheren werden. Aber 1958 vermutet noch niemand, daß diese neue Konstruktionsweise die Formel 1 in den kommenden Jahrzehnten prägen wird.

Ganz und gar konservativ ist dagegen das Ferrari-Aufgebot: 280 PS bei 8.500 U/min leistet der Dino 246/F1 von 1958, dessen V6-Triebwerk in der Formel 2 sehr erfolgreich ist. Der Wagen wurde benannt nach Enzo Ferraris Sohn Dino, der zwei Jahre zuvor verstorben war. Nachdem Ferrari in den ersten fünf Rennen sieglos geblieben war, gewinnt Hawthorn den GP von Frankreich. Er weint bei der Siegerehrung: sein Teamkollege Luigi Musso ist tödlich verunglückt.

Mike Hawthorn (1929 - 1959)

Weltmeister 1958

Er gab seine Rennfahrerkarriere auf, als er den Tite[l] gewonnen hatte. Damit löste er ein Versprechen an seine Verlobte ein. Der Abschied vom Motorsport fiel ihm leicht – kurz zuvor war sein Freund Peter Collins auf dem Nürburgring gestorben. Hawthorn sollte englischer Ferrari-Importeur werden.

Wenige Wochen später, am 22. Januar 1959, fuhr er auf einer Landstraße ein privates Rennen mit dem For

Ein Traum von einem Rennauto. 1958 besiegt Mike Hawthorn mit dem Dino 246/F1 knapp Stirling Moss (Vanwall). Geschockt vom To

mel-1-Rennstallbesitzer Rob Walker. Hawthorn hatte einen Jaguar mit 3,8 Litern, Walker lenkte seinen 300 SL. Es regnete, es ging um nichts als die Ehre. Hawthorn kam bei hohem Tempo von der Strecke ab. Der Jaguar endete an einem Baum. Walker rannte hinüber: „Ich sah seine Augen brechen wie bei einem erlegten Stück Rehwild."

Bei Mike Hawthorn hätten sich Talent und Unbeständigkeit miteinander verschränkt, ein eiskalter Wagemut mit tollen Reflexen, schrieb Enzo Ferrari über ihn. Er erinnerte sich an Hawthorns Antrittsbesuch in Maranello 1952: „Ein langer, blonder Junge, irgendwie abwesend". So war Mike Hawthorn: 1,88 m groß, schlaksig, charmant, immer eine Fliege um den Hals.

Seine Amtsgeschäfte bei Ferrari nahm er 1953 nur zögerlich auf, hätte lieber einen englischen Wagen gefahren. Zweimal unterbrach er seinen Ferrari-Vertrag, als ihm ein engliches Auto angeboten wurde.

Ins Gerede geriet Hawthorn durch die Tragödie von Le Mans 1955. Er habe, so heißt es, mit seinem Jaguar die Kettenreaktion ausgelöst, die mehr als 80 Zuschauern das Leben kostete. Vielleicht vermarktete er sich selbst nicht gut genug: Sein eigener Tod war vielen Zeitungen nur eine kurze Notiz wert.

Sieben Jahre dabei, 1958 Champion: Mike Hawthorn.

…ımgefährten Peter Collins tritt Hawthorn nach dem Titelgewinn vom Rennsport zurück. Er stirbt sechs Wochen später im Straßenverkehr.

Beim nächsten Rennen in Silverstone gewinnt der Engländer Peter Collins seinen Heim-Grand-Prix. Auf dem Nürburgring, einen Lauf später, schießt der 28jährige Ferrari-Star am Pflanzgarten über den Pistenrand und stirbt kurz darauf in einem Bonner Krankenhaus.

Mike Hawthorn gewinnt die Weltmeisterschaft knapp vor Stirling Moss.

1959
Schneller Dentist

Ende des Jahres 58 hat Weltmeister Mike Hawthorn, geschockt vom Tod seines Freundes und Landsmanns Peter Collins, seinen Rücktritt erklärt. Sechs Wochen später stirbt er bei einem Verkehrsunfall.

Enzo Ferrari ist Phil Hill als einziger Fahrer geblieben, nachdem er sich auch von „Schrottfabrikant" Graf Berghe von Trips getrennt hat. Er wirbt Vizeweltmeister Tony Brooks von Vanwall ab. Der 27jährige Zahnarzt aus England holt in Reims und auf der Berliner Avus die beiden einzigen Ferrari-Siege des Jahres und wiederum den Titel des Vizeweltmeisters - hinter Jack Brabham.

Ferrari-Konstrukteur Carlo Chiti schickt ab September 1959 den Dino 256/F1 mit unabhängiger Radaufhängung und Scheibenbremsen ins Gefecht.

1960
Dinosaurier

Nachdem im Vorjahr Jack Brabham mit dem neuen Mittelmotor-Konzept die Weltmeisterschaft gewonnen hat, laufen auch bei Ferrari die Arbeiten am Mittelmo-

Beim Grand Prix auf der Avus verunglückt 1959 Jean Behra. Teamkollege Graf von Trips nimmt Abschied.

Mädchenschwarm: Der Engländer Tony Brooks holt 1959 die beiden einzigen Siege für die Scuderia.

In Zandvoort versucht Phil Hill (Startnummer 1 durch Los) 1960 das Feld hinter sich zu halten. Ferrari setzt noch auf den Frontmotor.

Triumph beim England-GP in Aintree 1961: Die Ferrari-Piloten von Trips (Nr. 4), P. Hill (2) und Ginther (6) belegen die ersten drei Plätze. E

tor auf Hochtouren. Aber während alle anderen Team bereits 1960 auf den Mittelmotor umstellen, tut sich der Commendatore schwer mit der grundsätzlichen Änderung. So hatte er 1957 auch nur zögernd dem Einbau von Scheibenbremsen zugestimmt. Die Ferrari-Piloten sind mit dem Dinosaurier-Konzept des 256/F1 chancenlos gegen die wendigen Wagen der britischen Teams Cooper und Lotus.

Der Dreifachsieg der Ferrari-Piloten Phil Hill, Richie Ginther und Willy Mairesse beim Großen Preis von Europa in Monza im September 1960 zählt nur statistisch. Denn die Engländer sind zu Hause geblieben - aus Protest gegen die Steilkurven der Strecke mit ihren Buckeln und Rinnen. Graf von Trips, zu Ferrari zurückgekehrt, wird Fünfter.

Jack Brabham und Bruce McLaren gewinnen die Weltmeisterschaft deutlich für Cooper-Climax. Der beste Ferrari-Pilot Phil Hill landet auf Rang 5.

1961
Der Hai

In diesem Jahr wird der Hubraum für die Formel 1 auf 1,5 Liter beschränkt. Damit muß auch Dinosau-

Völlig überrumpelt werden die britischen Teams, als Ferrari 1960 den 156/F1 mit Mittelmotor vorstellt.

etzte Sieg des deutschen Grafen.

rier Ferrari endgültig dem Frontmotor abschwören und sich als letztes Team für das moderne Mittelmotor-Konzept entscheiden. Aus dem Dino 256 wird der Dino 156/F1.

Anfänglich sieht alles nach Ferrari total aus. Die britische Konkurrenz, zuletzt deutlich überlegen, wird überrumpelt. In Reims siegt Ferrari-Pilot Giancarlo Baghetti gleich in seinem ersten Grand Prix, in Aintree und Zandvoort Kollege Wolfgang Graf Berghe von Trips. In Spa ist Ferrari-Pilot Phil Hill an der Reihe, ebenfalls in Monza. Hier soll die Entscheidung über die Weltmeisterschaft

Wolfgang Graf Berghe von Trips
(1928 - 61)
Vizeweltmeister 1961

Er stammte aus einem alten deutschen Grafengeschlecht, seine Familie lebte im rheinischen Horrem, einer Gemeinde, die heute zur „Schumacher-Stadt" Kerpen gehört.

Als Anfang der fünfziger Jahre ein Porsche 356 im Hof der elterlichen Burg Hemmersbach stand, verschloß sich den besorgten Eltern der Hintergrund: Der Graf ging unter dem Pseudonym „Axel Linthers" an den Start und siegte 1954 in der Mille Miglia.

Nach anderen Sportwagenerfolgen wurden Ferraris Talentsucher auf den hoffnungsvollen Rennfahrer aufmerksam. Im Herbst 56 unterzeichnete der 28jährige einen Formel-1-Vertrag.

1957 nahm er an drei Rennen teil, und immerhin kam er in Monza auf einen beachtlichen dritten Platz. Doch im Jahr drauf machte er seinem Namen als „Count Crash" (Graf Unfall) alle Ehre, als er bei einem Sportwagenrennen auf dem Nürburgring die Pedale verwechselte. Damals hatten Formel-1-Autos das Gaspedal in der Mitte, die Sportwagen aber rechts...

Enzo Ferrari strich Trips für 1959 aus seinem Team. Aber als sich der Graf um die deutsche Generalvertretung für Ferrari bewarb, war die mit einem neuen F1-Vertrag für 1960 verbunden. Zwar bekam Ferrari mit dem antiquierten Frontmotor-Konzept in dem Jahr keine Schnitte, 1961 aber sorgte der Graf für eine Saison, die die Deutschen an die großen Rennen der Dreißiger Jahre erinnerte. Der völlig neukonstruierte 156 lag ihm.

Er gewann die Großen Preise von Holland und England, wurde Zweiter in Belgien und Deutschland und führte die Tabelle an, als der Formel-1-Troß nach Monza kam. Der Graf startete aus der Pole-Position, der ersten seiner Karriere, doch in der zweiten Runde kollidierte sein „Haifisch-Ferrari" mit dem Werks-Lotus von Jim Clark und erschlug mehrere Zuschauer. Der Graf war auf der Stelle tot.

Er wurde posthum zum Vizeweltmeister erklärt, mit einem Punkt Rückstand auf seinen Teamkameraden Phil Hill. Über Deutschland breitete sich Trauer aus. Graf Wolfgang Berghe von Trips war das erste große Rennfahreridol der Autonation Deutschland nach dem Krieg.

Monza 61: Das Unglücksauto von Wolfgang Graf Berghe von Trips.

1961 verunglückt Wolfgang von Trips (l.) Phil Hill wird Meister.

Phil Hill
(geb. 1927)
Weltmeister 1961

Nicht immer gereichen Enzo Ferraris Memoiren den Betroffenen zur angenehmen Lektüre. Der alte Herr verteilte unverblümt Noten zwischen sehr gut und ungenügend. Über Phil Hill schrieb er emotionslos: „Ein solider, gefühlsbetonter Fahrer, kein Spitzenmann, aber ein zuverlässiger und ergiebiger Punktesammler vor allem auf schnellen Kursen, wo es auf Präzision ankam. Sein Sensorium für Tempo und sein Respekt für die Maschine prädestinierten ihn für den Sportwagen." Dort sei der Kalifornier am besten aufgehoben gewesen. In der Tat fuhr er 1956/57 auf Ferrari-Sportwagen mehrere große Siege heraus, gewann dreimal in Le Mans.

Es kostete Hill viel Überredungskunst, bis er es 1958 endlich geschafft hatte: Die Scuderia meldete ihn für den Großen Preis von Deutschland an. Bei seinem zweiten Rennen erwies er sich als Kavalier am Lenkrad, als er seinen Stallgefährten und WM-Kandidaten Mike Hawthorn auf Rang zwei vorließ.

Sein eigenes Championat 1961 war mit einer Tragödie verbunden. Der Tipo 156, Ferraris erster F1-Wagen mit Mittelmotor, gewann mit Graf Berghe von Trips und Phil Hill nahezu jedes Rennen. In Monza bekam Hill nicht mit, daß sein Teamgefährte tödlich verunglückt war. Er siegte, wurde damit Weltmeister. Bei der Siegerehrung strahlte er zunächst, bis ihm jemand etwas zuflüsterte. Danach war seine Miene versteinert.

Philip Toll Hill ist ein sensibler und musikalischer Mann, der schon mal riskierte, zu einer Trainingssitzung zu spät zu kommen, weil er das Flötenkonzert von Vivaldi im Autoradio gerne zu Ende hören wollte.

Hill beendete seine Formel-1-Karriere 1964. Heute lebt er in Santa Monica/Kalifornien. Er restauriert Oldtimer und Klaviere und besitzt ein berühmtes Automuseum.

Jahrelang muß Phil Hill um einen F1-Einsatz im Ferrari betteln.

Phil Hill 1961: Die Haischnauze des 156.F1 ist in diesem Jahr auf a

zwischen Hill und dem Grafen fallen, der in Deutschland eine Motorsport-Euphorie ausgelöst hat, wie Jahrzehnte später Michael Schumacher. Trips erringt die erste Pole-Position seiner Karriere. In der zweiten Runde mischt der Tod mit. Trips und Lotus-Fahrer Jim Clark berühren sich mit den Reifen. Der Ferrari überschlägt sich, mit Trips sterben 13 Zuschauer. Durch seinen Sieg bei diesem Rennen wird Trips Teamkamerad Phil Hill Weltmeister, als erster Amerikaner in der Formel-1-Geschichte und mit einem Punkt Vorsprung. Zum letzten Lauf im amerikanischen Watkins Glen tritt das Ferrari-Team, in Trauer versunken, nicht mehr an.

Der eigentliche Sieger des Jahres ist das schlanke Geschoß 156/F1, wegen seiner aggressiven, spitzen Schnauze „sharknose" (Haifischnase) genannt. Der kleine Motor (1,5 Liter) leistet 100 PS weniger als der Vorjahresmotor - der Wagen ist allerdings auch 100 kg leichter. Während die Scuderia am V6 festhält, baut die

...isten vorn. Der Hubraum ist jetzt laut Reglement auf max. 1,5 Liter beschränkt. Gleichzeitig setzt sich das Konzept des Mittelmotors durch.

Konkurrenz Vier- und Achtzylinder, die den Ferraris in diesem Jahr hoffnungslos unterlegen sind.

1962 Palastrevolution

In den fünf Jahren der 1,5-Liter-Formel zwischen 1961 und 1965 schlingert die Konjunkturkurve für Ferrari in irrem Zickzack. Auf die Championate 1961 und 1964 folgt jeweils eine Saison ohne Sieg.

1962 verkümmert der im Vorjahr so erfolgreiche Tipo 156 zum Underdog. Zu wenig hat man über den Winter an ihm getan. Über den Führungsstil des Commendatore kommt es zu einer „Palastrevolution". Zornig kündigen Carlo Chiti, der Konstrukteur des Weltmeisterautos, und Romolo Tavoni, Ferraris Rennleiter seit 1956.

Der neue Technische Leiter heißt Mauro Forghieri, ein sehr junger Ingenieur. Außer Phil Hill und dem glücklosen Belgier Willy Mairesse hat er nur ein paar jugendliche Heißsporne als Fahrer zu Verfügung: Die Italiener Giancarlo Baghetti (25) und Lorenco Bandini (26) sowie den Mexikaner Pedro Rodriguez (22).

Die Engländer mit ihren Achtzylindern, Graham Hill bei BRM und Jim Clark bei Lotus, machen die WM unter sich aus. Ferrari bleibt sieglos. In der (1958 eingeführten) Konstrukteurswertung stürzt die Scuderia vom Titelträger auf Rang 5 ab.

1963 Nur noch 2 Autos

Wieder ein schwarzes Jahr. Die Scuderia bringt es nur auf einen einzigen Erfolg, am Ring durch John Surtees - das war's. Erstmals beschränkt das Reglement in diesem Jahr die Zahl der eingesetzten Wagen pro Team auf zwei. Der siebenfache Motorradweltmeister Surtees, vom Sponsor Shell als Nummer 1 ins Team gebracht, fährt einen Wagen, Bandini, Scarfiotti und Mairesse teilen sich den zweiten. Gegen Jim Clark auf Lotus können sie nicht bestehen.

Für 1964 wird ein völlig neuer Wagen angekündigt.

1964
WM für Surtees

Maranello faßt wieder Tritt. Das As der Roten ist der ehemalige Motorradchampion John Surtees, ein begnadeter Fahrer, ein besessener Tester, ein unermüdlicher Tüftler. Sein Input findet sich zum Beispiel im 158/F1 „Aero" wieder (ab Monza). Der heißt so wegen der Impulse aus dem Flugzeugbau, die in ihn einfließen: Das Rückgrat besteht aus einem Rohrgeflecht mit aufgenieteten Blechen. Schraubenfedern und Stoßdämpfer finden sich vorn innen. 210 PS bei 11.000 U/min leistet der Dino V8 am Ende.

Aber Ferrari-Techniker Forghieri setzt inzwischen auf den Zwölfzylinder. Beim vorletzten Lauf im amerikanischen Watkins Glen wird er erstmals von Bandini gefahren. Der Wagen heißt 512 (1,5 Liter, zwölf Zylinder).

Surtees gewinnt die Rennen am Nürburgring und in Monza. Beim letzten Lauf des Jahres in Mexiko haben sowohl Surtees als auch Graham Hill (BRM) Titelchancen. Bandini verhilft „Big John" zum Titel: Drei Minuten vor Rennende läßt er den langsameren Teamkollegen passieren. Der Engländer wird dadurch Weltmeister mit einem einzigen Punkt Vorsprung. Gleichzeitig sichert sich Ferrari zum zweitenmal nach 1961 den Konstrukteurstitel.

1965
Nullrunde

Die Saison 1965 steht gänzlich im Zeichen des Schotten Jim Clark und sei-

Nürburgring 64: Sieg für John Surtees, ein Schluck für Graham Hill, Platz drei für Lorenzo Bandini.

Picknick in Monza: Commendatore Enzo Ferrari kommt mit Ehefrau Laura selten zu den Rennen.

John Surtees (geb. 1934)

Weltmeister 1964

Er hatte mit 26 bereits sieben Weltmeisterschaften gewonnen – auf dem Motorrad. Mit 29 kam der Engländer nach Anfangserfolgen bei Cooper und Lola 1963 zur Scuderia. Bereits das fünfte Rennen beendete er als Sieger auf dem Nürburgring. Ein Jahr später wurde er Weltmeister.

Mitten in der Saison 1966 verließ Surtees nach langem Streit mit Ferrari die Scuderia. Der Commendatore erklärte in seinem Nachruf: „Ich weiß, was ich verliere. Aber ich weiß nicht, was ich verlieren würde, wenn er bliebe."

Er beschrieb ihn so: „Ein unermüdlicher Arbeiter und Kämpfer. Er wendete jedem Detail seine Aufmerksamkeit zu, den Gegnern, seinem Wagen, der Strecke, und grübelte ständig darüber nach, wie er das alles in seinen Vorteil ummünzen konnte."

Was dem Commendatore weniger behagte: Der Querkopf und Querulant John Surtees, streitlustig und streitbar bis zum Exzeß. Er habe sich mit Gott und der Welt angelegt, klagte Ferrari, mit seinem Stallgefährten Lorenzo Bandini, mit seinem Teamchef Eugenio Dragoni, mit den Technikern der Rennabteilung.

„Big John" gründete 1970 seinen eigenen Formel-1-Stall, wie vor ihm die Kollegen Jack Brabham und Bruce McLaren. Er wurde mittlerweile "Grauer Wolf" genannt, und er verbiß und verbellte alle, die ihm oder seinem Werk etwas zuleide tun wollten. Oft und gern beschritt er den Rechtsweg, bis er 1978 das Team aufgab. Heute schreibt er für englische Oldtimer-Zeitschriften.

Impulse aus dem Flugzeugbau fließen in den 158/F1 („Aero") ein, mit dem John Surtees 1964 knapp die Weltmeisterschaft gewinnt.

Silverstone 1965: Konstrukteur Mauro Forghieri sitzt völlig ratlos im neuen Zwölfzylinder 1512, den John Surtees erstmals erprobte.

Jubel in Monza: 1966 siegt Ludovico Scarfiotti mit dem Zwölfzylinder. Es ist der zweite Sieg eines Italieners auf der Ferrari-Hausstrecke.

nes Wagens, des Lotus 33. Ferrari setzt sowohl den V8 ein als auch den Zwölfzylinder, der bei 1,5 Litern Hubraum nur mäßig konkurrenzfähig ist.

In Maranello arbeitet man bereits fieberhaft an einem Wagen nach dem künftigen Reglement. Drei Liter Hubraum sind ab 1966 vorgeschrieben. John Surtees und Lorenzo Bandini schreiben eine traurige Jahresbilanz für Ferrari: Keine Pole-Positions, keine schnellste Runde, kein Sieg.

1966
Zwölf Zylinder

Mit der neuen Formel scheint die Legislative des Motorsports dem Commendatore direkt in die Karten zu spielen. Drei Liter Hubraum, damit kennt man sich durch den Sportwagen Testarossa und den 250 Grantourismo-Läufen der fünfziger Jahre aus. Bevor sich jedoch in den Siebzigern stabiler Hochdruck über Ferrariland ausbreitet, gibt es diverse Schlechtwetterstaffeln zu durchlaufen – mit gelegentlichen Aufhellungen.

Die Zwölfzylinder der Baureihe 312/F1 zwischen 1966 und 1969 bleiben immer unterlegen, mit anfänglich 325 PS bei 9.800 U/min und am Ende 435 PS bei 11.000 U/min. Meilensteine ihrer Evolution sind die Eingriffe, die ihre Beatmung jeweils vom Gran Premio d'Italia in Monza an verbessern: 1966 durch Dreiventilköpfe, 1967 durch Vierventiler.

Surtees gewinnt im Juni den zweiten Lauf der Saison im belgischen Spa bei sintflutartigem Regen. Wenige Tage später verkracht er sich mit der Ferrari-Rennleitung beim 24-Stunden-Rennen von Le Mans so gründlich, daß er bereits den nächsten GP im Cooper-Maserati fährt.

Die Scuderia setzt auf die italienischen Piloten Bandini und Scarfiotti, viermal ist auch der englische Werksfahrer Mike Parkes am Start. Nur einmal haben die Tifosi Grund zum Jubel: Scarfiotto beendet den Italien-Grand-Prix auf Ferraris Hausstrecke Monza als Sieger. Er ist seit 1952 (Ascari) erst der zweite Italiener, der seinen Heim-Grand-Prix gewinnen kann.

Jack Brabham wird mit seinem eigenen Rennstall überlegen Weltmeister. Ex-Ferrari-Pilot John Surtees beendet die Saison als Vize, Dritter wird sein Cooper-Stallgefährte Jochen Rindt aus Österreich.

1967
Trauriges Jahr

Ein Jahr, das in der Ferrari-Chronik schwarz umrahmt ist. Beim zweiten Rennen der Saison verunglückt Lorenzo Bandini in Monaco tödlich. Er ist 31 Jahre alt.

Nur viermal steht ein Fahrer von Ferrari auf dem Podest: Der 23jährige Chris Amon aus Neuseeland beendet vier Rennen als Dritter. Kein Sieg, keine Pole-Position.

Bitteres Jahr 1967: Der neue 312 – hier mit Chris Amon – erweist sich als totaler Flop. Ferrari gewinnt im ganzen Jahr kein Rennen.

1968
FEIND FORD

Die einstige Bürde des Favoriten in der 3-Liter-Klasse wird der Marke aus Maranello in diesem Jahr vollends abgenommen, vor allem durch den Siegeszug des Cosworth-Achtzylinders DFV (ab 1967), hinter dem der bekennende Ferrari-Feind Ford steht. Die Ford-Triebwerke glänzen durch schiere Stärke, guten Drehmomentverlauf und kompakte Ausmaße.

Das knappe Budget der Formel-1-Abteilung zwingt Ferrari zum Engagement junger, preiswerter Fahrer. Der Belgier Jacky Ickx ist gerade mal 23, als er von Cooper-Maserati übernommen wird. Beim Großen Preis von Frankreich in Rouen gewinnt er eine Pokerrunde: Er wählt im Gegensatz zu allen anderen Piloten Regenreifen und dominiert das Rennen.

Es ist der erste Sieg eines Autos mit Heckflügeln. Die aerodynamische Hilfe war erst wenige Rennen zuvor erstmals aufgetaucht.

In der Jahresendabrechnung wird Jacky Ickx nur Vierter - hinter drei Fahrern mit Cosworth-Motoren. Der Weltmeister heißt Graham Hill (Lotus).

1969
FIAT KAUFT FERRARI

Ein weiteres Jahr des Ford-Cosworth. Nur einmal steht in diesem Jahr ein Fahrer auf dem Podest, der ohne Ford-Motor an den Start gegangen ist. Ferrari-Fahrer Chris Amon wird in Holland Dritter. Mit diesen vier Punkten steht er in der Jahresendabrechnung immer noch einen Punkt besser da, als sein Teamkollege Pedro Rodriguez.

Ferrari ist auf dem Tiefpunkt seiner Formel-1-Chronik angelangt. In der Konstrukteursmeisterschaft landet man auf dem letzten Rang.

Der Commendatore erkennt die Zeichen der Zeit. Er muß sich an einen großen Konzern binden. Fiat übernimmt im Juni 50 Prozent der Firmenanteile.

1970
FÜNF DOPPELSIEGE

Mit dem 312.B 1970 scheint sich das Blatt zu wenden, zumal er mit dem Eliteteam Jacky Ickx und Clay Regazzoni bemannt ist. Das B steht für Boxer: Seine beiden Zylinderreihen liegen einander horizontal gegenüber. Das begünstigt einen niedrigen Schwerpunkt. Mit anfänglichen 455 PS bei 11.500 U/min ist er kraftvoll und erfolgreich.

Aber erst ab dem neunten Rennen stellen sich die Siege ein. Die letzten vier Läufe erledigt das Duo im Doppelpack: Jacky Ickx siegt in Österreich, Kanada und Mexiko, Regazzoni wird jeweils Zweiter.

Der populäre Tessiner Regazzoni ist erst in diesem Jahr zur Formel 1 gestoßen. Sensationell beendet er sein fünftes Rennen als Sieger - diesmal vor dem Teamgefährten Ickx. Der Sieg in Monza wird leider überschattet: Der Lotus-Pilot und WM-Führende Jochen Rindt stirbt beim Training. Er wird zum Saisonende posthum zum Weltmeister erklärt, die beiden Ferrari-Piloten folgen auf den Rängen 2 und 3.

1968 wird dem 312 ein filigraner Heckflügel verpaßt - der erste ir

1971
SCHWACHER B2

Den Großen Preis von Südafrika zu Beginn der Saison gewinnt Gastfahrer Mario Andretti noch mit dem Vorjahresmodell 312.B. Von nun an geht's bergab.

Ab Monte Carlo wird die Entwicklungsstufe 312.B2 gezündet, eckiger, mehr der modischen Keilform angenähert und mit 470 PS bei 12.600 U/min auch deutlich potenter als der Vorgänger. Er taugt gleichwohl nur für einen Sieg, mit Ickx in Zandvoort. Vor allem machen dem Neuen Probleme mit dem Ölkreis-

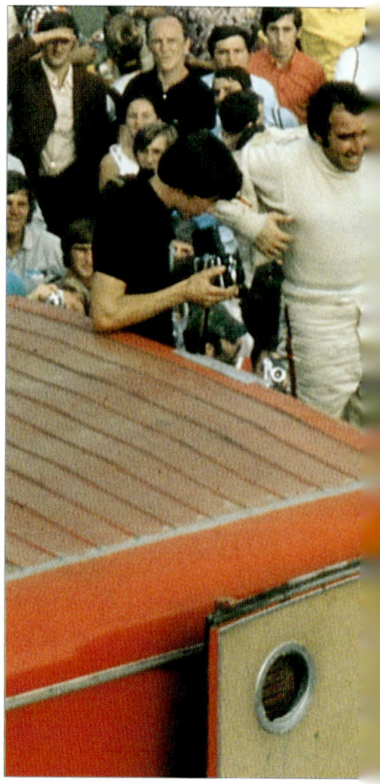

1970 trotz vier Doppelsiegen, k

rmel-1-Historie. Seinen Heimat-GP beendet der Belgier Jacky Ickx als dritter, kurz darauf siegt er in Rouen. Der einzige Ferrari-Sieg 68.

: Jacky Ickx (r.), Clay Regazzoni.

Ganz neue Optik: Beim erfolgreichen 312.B experimentiert Ferrari 1970 heftig mit der Aerodynamik.

1974 kommt Niki Lauda zu Ferrari - und gewinnt gleich sein viertes Rennen. Der 312.B3 ist der erste Ferrari mit Aluminium-Monocoque

Italienisch/österreichische Allianz: Der neue Rennleiter Luca di Montezemolo und Pilot Niki Lauda.

lauf und seine fortschrittliche Radaufhängung zu schaffen: zu Einheiten waagerecht über der Hinterachse zusammengefaßte Schraubenfedern und Dämpfer.

Wieder trumpfen die Cosworth-Motoren groß auf: Jackie Stewart wird Weltmeister mit Tyrrell-Cosworth.

1972
Ring-Triumph

Nach guten Plazierungen zu Saisonbeginn enttäuschen die Ferrari wiederum. Bis zum Nürburgring warten die Fans der Roten auf den ersten Sieg. Der gelingt allerdings gründlich: Jacky

… ohne tragendes Rohrgerüst. Novitäten sind unter anderem der Lufteinlaß über dem Piloten und der breite, durchgehende Spoiler vorn.

Ickx holt Pole-Position, markiert die schnellste Runde, bricht den Streckenrekord und siegt überlegen mit 48 Sekunden Vorsprung. Mehr noch: Sein nach einem Unfall wiedergenesener Teamkollege Regazzoni wird Zweiter.

Es bleibt der einzige Triumph von Ferrari in diesem Jahr. Emerson Fittipaldi auf dem Lotus-Cosworth ist nicht zu schlagen.

1973
Nur ein Auto

Ferrari muß sich mit einer neuen Nullrunde abfinden. Der mehrfach modifizierte 312.B3 kann den englischen Teams Tyrrell, Lotus und McLaren, allesamt mit dem Achtzylinder von Ford-Cosworth unterwegs, nichts entgegenhalten. Zeitweise setzt Ferrari nur einen Wagen ein. Die beiden Piloten Jacky Ickx und Arturo Merzario wechseln sich ab, zweimal verzichtet man völlig auf den Start.

Dennoch ist man bei Ferrari überzeugt, daß der 312.B3 den Weg in die Zukunft weist. Es hat seitlich schräg installierte Kühler, einen kastenförmigen Lufteinlaß hinter dem Kopf des Piloten, einen durchgehenden Spoiler vorn und einen ausladenden Flügel hinten, den eine zentrale Säule stützt. Außerdem verfügt er erstmals über ein echtes Monocoque. Es ist aus Aluminium, das tragende Rohrgerüst hat endgültig ausgedient.

1974
Monocoque-Ära

Ferrari hat einen neuen Rennleiter – Luca di Montezemolo. Der junge charismatische Graf engagiert das Vorjahresteam von BRM. Damit kehrt Regazzoni zurück zu Ferrari, mit ihm kommt der Wiener Niki Lauda. Der Bankierssohn ist 25, in seinen beiden Formel-1-Jahren bei March und BRM war ein fünfter Platz seine beste Plazierung. Erst mit Ferrari beginnt die imposante Erfolgsstory von Lauda.

Das Vorjahresauto ist zuverlässiger geworden. Lauda und Regazzoni kommen mit dem neuartigen Monocoque gut zurecht. Die Rennen im spanischen Jarama und im holländischen Zandvoort enden mit einem Doppelsieg – Lauda vor Regazzoni. Auf dem Nürburgring siegt der Schweizer, nachdem Lauda ausgefallen ist. Regazzoni schiebt sich im Gesamtklassement an Lauda vorbei auf Rang 2 und verliert erst beim letzten Lauf das Meisterschaftsduell gegen Emerson Fittipaldi.

1975
LAUDA: TITEL NR. 1

Ab dem dritten Rennen setzt Ferrari den 312.T ein, so geheißen, weil das Getriebe hinten quer („trasversale") eingebaut ist. Das Konzept besticht keineswegs durch Schönheit und ist nicht einmal sonderlich geeignet für die heranziehende Epoche der Wing Cars, die sich durch die raffinierte Architektur ihres Unterbodens an der Fahrbahn festlutschen. Die Stärke des 312.T besteht vor allem in der brutalen Potenz seines V12 im Winkel von 180 Grad, 495 PS bei 12.200 U/min.

Das hohe Gewicht des Motor- und Getriebeblocks zwischen den hinteren Rädern macht das Handling des Wagens nicht einfach, aber die Toppiloten Lauda und Regazzoni gewöhnen sich rasch daran. Lauda siegt hintereinander in Monte Carlo, Zolder und Anderstorp, wird Zweiter in Zandvoort und wiederum Sieger in Paul Ricard. In Monza gewinnt Regazzoni, aber Lauda reicht sein dritter Platz für den vorzeitigen Gewinn der Weltmeisterschaft.

Zum erstenmal seit 1964 ist ein Ferrari-Pilot wieder Weltmeister – gleichzeitig feiert Ferrari den Gewinn des Konstrukteurstitels.

1976
FEUERUNFALL

Wiederum führt kein Weg an Ferrari und vor allem Niki Lauda vorbei. Die rote Rakete 312.T2 jagt bei den ersten sechs Rennen fünfmal als Siegeswagen durchs Ziel – viermal gewinnt Lauda, einmal Regazzoni. Beim Großen

Fünf Siege erringt Niki Lauda 1975 mit dem 312.T. Das Getriebe sitzt quer zwischen den Rädern.

Letzter Ferrari-Sieg des Tessiners Clay Regazzoni, 1976 in den Straßenschluchten der kalifornischen St

Nach der Weltmeisterschaft 1975 beginnt Niki Lauda die Saison 76 in Brasilien wieder mit Siegerkranz. Neben ihm Tom Pryce (Shadow).

Beach. Regazzoni wechselt danach das Team. Obwohl er bei seinen 132 GP oftmals gut abschneidet, erringt er nie einen Weltmeistertitel.

Preis von Deutschland am 1. August scheint der Österreicher einer sicheren Titelverteidigung entgegenzufahren. Doch auf dem Nürburgring sitzt Lauda nach einem Unfall in einem fürchterlichen Feuerball, nur um Haaresbreite kommt er mit dem Leben davon. Aber er setzt nur zwei Rennen aus. Schwer gezeichnet von den Verbrennungen steigt er am 12. September beim Großen Preis von Italien wieder in den Ferrari.

James Hunt (McLaren), der vor Laudas Unfall nur auf Rang 4 der WM-Liste gestanden hat, ist mittlerweile zum ernsthaften Mitbewerber um den Titel geworden. Beim letzten Lauf der Saison im japanischen Mont Fuji gibt Lauda auf, als sintflutartiger Regen die Strecke überspült. Hunt genügt ein dritter Platz, um den Titel mit einem Punkt Vorsprung vor Lauda zu gewinnen.

Den Konstrukteurstitel kann Ferrari erfolgreich verteidigen.

1977
„Verräter" Lauda

Was anfänglich als Liebesheirat im sicheren Hafen zu dümpeln schien, gerät in diesem Jahr in stürmisches Fahrwasser. Der Commendatore grollte Lauda, weil er den Vorjahrestitel in der Regenschlacht von Japan kampflos abgegeben hat.

Regazzoni wird gegen den Argentinier Carlos Reutemann ausgetauscht. Der 33jährige gewinnt auch prompt das Rennen in Brasilien, doch dann

Niki Lauda
(geb. 1949)

Weltmeister auf Ferrari 1975 und 1977
(sowie McLaren 84)

Schweden 1975: Laudas dritter Sieg in Folge. Teamkollege Regazzoni wird Dritter hinter Reutemann.

Sein Gesicht wirkt wie eine lebende Anklage gegen den Motorsport. Zernarbt, ein halbes Ohr nur, eine rote Mütze mit dem kahlen Kopf verwachsen. Und dennoch ist Niki Lauda eine Legende. Keine Sympathiefigur für viele, aber eine Respektperson, deren Meinung zählt und deren Erfolge im Rennsport und auf anderen Gebieten Achtung einflößen.

Die Faszination des Rennstalls Ferrari - kaum einer hat sie uns so deutlich spüren lassen, wie Niki Lauda. Der Österreicher kam mit 25 zur Scuderia, zu einer Zeit, als der damals schon legendäre Rennstall neun Jahre ohne Weltmeistertitel hinter sich hatte, darunter sogar vier Jahre ohne Sieg. Rennfahrer mit großem Namen hatten sich in den roten Zwölfzylindern versucht, und alle waren sie gescheitert: Jacky Ickx, Clay Reggazoni, Mario Andretti, Chris Amon.

Der junge Wiener war Rennfahrer aus purer Leidenschaft, wider jede wirtschaftliche Vernunft. Seine Familie gehörte zur österreichischen Wirtschaftselite, reich, wohlgeachtet. Als der Name Lauda damals auf den Sportseiten auftauchte, statt wie üblich im Börsenteil, da krachte es. Niki löste sich vom Elternhaus, fuhr besessen Rennen, häufte immense Schulden an. Mit Bankkrediten kaufte er sich 1971 ins Formel-1-Team von March ein, zwei Jahre später bei BRM. Dort konnte er beeindrucken, weil er beim Monaco-Grand-Prix im strömenden Regen Jacky Ickx im Ferrari hinter sich hielt.

Der Commendatore Ferrari engagierte für die nächste Saison den jungen Fahrer. Niki Lauda war durch den Ferrari-Vertrag schlagartig seiner Schulden enthoben.

Der Dreiliter-V12 lag ihm. Bereits das vierte Rennen beendete Niki als Sieger. Der beständiger punktende Teamkollege Clay Regazzoni überrundete ihn zwar im ersten Jahr noch, das zweite gemeinsame Jahr beendete Niki indes mit dem Punkteverhältnis 64,5 : 25. Er wurde zum erstenmal Weltmeister.

Am 1. August 1976 zogen ihn vier Rennfahrerkollegen am Nürburgring aus dem brennenden Auto, dem Tod näher als dem Leben. Als er sechs Wochen nach seiner Stippvisite in der Flammenhölle bereits in Monza wieder im Ferrari saß, war Niki Lauda auf dem Marsch in den Mythos.

Sechs Wochen später führte er trotz seiner unfallbedingten Ausfälle die WM-Tabelle an. Es hätte ein fünfter Platz für den zweiten Titel genügt. Doch beim letzten Lauf im japanischen Fuji fuhr er den Wagen im strömenden Regen an die Box, weil die Sache am Ring eben doch ihre Schmauchspuren an der Seele hinterlassen hatte. Lauda: „Ich war ausgebrannt am Ende dieser irren Saison. Panische Angst, inmitten dieser Gischt, wir schwammen mit Tempo 150 durch die Gegend. Alle haben sich gedreht, es war irr." Er stellte den Wagen an der Box ab, stieg aus – und der Regen hörte auf. James Hunt erbte unverhofft den Weltmeistertitel.

Niki Lauda ging 1977 erneut auf Titelkurs für Ferrari, holte sich frühzeitig das zweite Championat und erklärte in der laufenden Saison seinen Weggang von der Scuderia. Die Haßtiraden der italienischen Presse nahm er gelassen, wie er überhaupt den Umgang mit den Medien perfekt inszenierte. Mißliebigen Journalisten wußte er übers Maul zu fahren, schlecht vorbereitete Moderatoren ließ er ins Messer laufen.

Der Commendatore drängte Lauda für 1978 heftig aber vergebens zu einem neuen Vertrag - der Doppelweltmeister war längst mit Bernie Ecclestone ins Geschäft gekommen. Ecclestone leitete das Brabham-Team und er beugte sich Laudas immenser Gagenforderung von zwei Millionen Dollar pro Jahr. Das war eine Verdoppelung der damaligen Spitzengagen.

Dennoch waren die beiden Jahre bei Brabham eher mäßig erfolgreich. Lauda schloß sie mit seinem angeblich definitiven Rückzug vom Motorsport ab. „Ich habe Wichtigeres zu tun, als im Kreis herumzufahren", sagte er und begann mit dem Aufbau seiner Fluggesellschaft. In finanzielle Engpässe geraten kehrte er 1982 in die Formel 1 zurück und unterschrieb beim McLaren-Team. Zwei Jahre später, 1984, entriß der Österreicher seinem McLaren-Kollegen Alain Prost mit einem halben Punkt Vorsprung den Weltmeistertitel. „Ich tröstete ihn auf dem Siegerpodest", erzählt Lauda gern. „Denn ich wußte, daß meine Ära zu Ende ging und seine begann. Es gibt solche Abschnitte im Motorsport - nach der Ära Prost kam die Ära Senna, danach die Ära Schumacher."

1985 gab er den Motorsport zum zweitenmal auf, diesmal aber definitiv. Seine Popularität nutzte er zum Aufbau seiner Fluggesellschaft Lauda Air. Längst war er zum Medienstar geworden, die Boulevardblätter berichteten jahrelang ausführlich über seine außerehelichen Eskapaden, nur die Scheidung von seiner Frau Marlene (2 Söhne) bekamen sie nicht mit.

Für mehr Sicherheit

Marlene Lauda hatte nie verstanden, daß er nach dem Feuerunfall wieder ins Rennauto gestiegen war, „Sie hielt mich für verrückt", gestand er, „aber sie hatte aufgegeben, mit mir darüber zu diskutieren." Stattdessen löste Lauda eine Diskussion über bessere Sicherheitsmaßnahmen im Motorsport aus. Der Nürburgring war nach seinem Unfall aus dem Formel-1-Tourneeplan gestrichen worden, andere Rennstrecken wurden entschärft. „Es ging nicht nur um unsere Haut", schreibt er in seinem Buch „Das dritte Leben", schließlich waren bei Rennsportveranstaltungen auch hunderte Zuschauer umgekommen. Lauda: „Ich glaube, die Mehrheit kommt, um guten Sport zu sehen. Das bedeutet nicht Feuer, Blut und Tod, es bedeutet Kämpfen, Fahren, Driften, verschiedene Autos, verschiedene Nationalitäten. Durch Sich-Umbringen wird dieser Sport nicht besser, sondern schlechter."

Lauda erlebte 1991 den vielleicht größten Schicksalsschlag. Eines seiner neuen Großraumflugzeuge stürzte in Thailand ab, 223 Menschen starben. Als Ursache wurde bei Boeing ein Fehler in der Flugzeugkonstruktion ermittelt. Heute gehört Lauda Air mit zwei Dutzend Maschinen zu den etablierten Fluggesellschaften Europas.

Noch zu Lebzeiten des Commendatore kam es zur Versöhnung zwischen Lauda und der Scuderia. Ferrari-Präsident Luca di Montezemolo, in Laudas Ära Rennleiter, holte den Mann mit der roten Mütze als Berater. Lauda hatte wesentlichen Anteil an der Verpflichtung Michael Schumachers. Und da Niki Lauda damals wie heute das Medienspiel beherrscht, bleibt er uns als vertraute Fernsehgröße erhalten, stets schnoddrig entwaffnend, auf daß beides nicht in Vergessenheit gerate, Lauda Air und die Ära Lauda.

Die Angst fährt mit: 1976 gibt Lauda im Regen auf und verschenkt den Titel. Andretti (v.) siegt in Fuji.

holt sich Niki Lauda im südafrikanischen Kyalami seinen ersten Sieg seit dem Unfall.

Erst acht Rennen später gewinnt er wieder – auf dem neuen deutschen Grand-Prix-Kurs in Hockenheim, und dann noch einmal in Zandvoort. Es ist sein letzter Sieg für Ferrari – gleich nach dem Rennen gibt er seinen Abschied von den Roten bekannt. Die italienische Presse beschimpft ihn als Verräter. Als sich Lauda beim GP der USA vorzeitig den Titel sichert, reist er zu den letzten beiden Rennen gar nicht mehr an. Ferrari, wiederum Konstrukteursweltmeister, verpflichtet einen jungen Kanadier, der zuvor erst ein einziges Formel-1-Rennen gefahren ist: Gilles Villeneuve.

1978
Villeneuves 1. Sieg

Mario Andretti und Ronnie Peterson dominieren mit ihren Lotus-Cosworths die Saison. Das „Wing Car"-Prinzip, durch das die Autos auf die Straße gesaugt werden, verleiht den Wagen eine phänomenale Straßenlage. Um so bemerkenswerter, daß Reutemann mit dem konventionell konstruierten Ferrari vier Rennen gewinnt. Der 28jährige Kanadier Gilles Villeneuve beschert den Roten zum Saisonschluß einen weiteren Sieg – und den ausgerechnet bei seinem Heim-Grand-Prix.

Das Lotus-Duo gewinnt die Meisterschaft: Andretti vor Peterson, Ferrari-Fahrer Reutemann wird Dritter. Er ist für das nächste Jahr mit Lotus ins Geschäft gekommen.

Gilles Villeneuve
(1952-1982)
Ferrari-Legende und Vizeweltmeister 197

Statistisch gesehen war der Vater von Schumacher-Konkurrent Jacques kein Überflieger. In seiner sechsjährigen Formel-1-Karriere kam er auf zwei Pole-Positions und sechs Siege. Die Bilanz seines Sohnes sah schon nach anderthalb Jahren weitaus eindrucksvoller aus.

Dennoch wurde Gilles Villeneuve schon zu Lebzeiten zur Legende. Der kleingewachsene Kanadier war eine Kämpfernatur, ein Mann mit unvergleichlich aggressivem Fahrstil. Seinen Ferrari trieb er vorzugsweise quer durch die Kurven, stets war er am äußersten Limit – und oft ein Spur darüber.

Gilles wurde 1977 vo McLaren unter Vertrag genor men. Das erste Rennen bee dete er als Elfter. Es war de Commendatore Empfehlun genug, den 25jährigen z engagieren, als sich de frischgebackene Weltmeiste Niki Lauda von der Scuderi trennte. Enzo Ferrari en wickelte spontan eine A Vater-Sohn-Beziehung zu de Kanadier. Er verzieh ih jeden Unfall, jeden Ausfa Als Gilles in seiner ersten vo len Formel-1-Saison seine Heimat-GP gewann, wurd

Eine harte Saison 1978 beendet der Kanadier Gilles Villeneuve mit dem Gewinn seines Heimat-Gran

er zum Volkshelden in Kanada und in Italien.

67 seiner 68 Grand-Prix-Rennen fuhr Gilles für Ferrari. Er hielt sich stets an die Stallorder. So ordnete er sich 1978 loyal seinem Teamkollegen Carlos Reutemann unter, 1979 überließ er Jody Scheckter absprachegemäß die Weltmeisterschaft.

Es folgten zwei schwache Jahre für die Scuderia. Aber 1982 war man wieder auf Siegkurs. Beim ersten europäischen Lauf in Imola führte Villeneuve, der sich als Nummer 1 bei Ferrari fühlte. Plötzlich setzte sein Teamkollege Didier Pironi zum unverhofften Spurt an und fing Villeneuve noch ab. Der Kanadier tobte, weil er mit diesem Angriff des Teamgefährten nicht gerechnet hatte.

Beim nächsten Lauf in Zolder wollte er es dem Kollegen heimzahlen. Am 8. Mai 1982 war er im Qualifying auf einer fliegenden Runde unterwegs, als hinter einer Bergkuppe der langsam rollende Wagen von Jochen Mass vor ihm auftauchte. Die Wagen kollidierten, Villeneuve starb. Sein Sohn Jacques war damals elf.

In den Herzen seiner Fans ist Gilles Villeneuve bis heute unvergessen – als ein Rennfahrer mit unvergleichlichem Fahrstil und Wagemut. Er ist ein Besessener gewesen, aber auch ein Mann von großer Fairness und außergewöhnlichem Teamgeist.

rix. Nach dem frühen Tod des beliebten und wagemutigen Rennfahrers wird die Formel-1-Strecke von Montreal seinen Namen tragen.

Monza 1979: Jody Scheckter wird Ferraris vorerst letzter Weltmeister. Villeneuve (r.) gratuliert.

Jody Scheckter (geb. 1950)

Weltmeister 1979

Er stand im Schatten seines legendären Teamkollegen Gilles Villeneuve. Und Jody Scheckters Weltmeistertitel von 1979 hätte wahrscheinlich nur statistischen Wert, wenn Jody Scheckter nicht für viele Jahre der letzte Ferrari-Weltmeister geblieben wäre. Daß es mit Ferrari derart bergab ging, war freilich in seinem Championjahr 1979 nicht abzusehen. Zwei Jahre zuvor hatte Ferrari-Fahrer Niki Lauda noch souverän den Titel gewonnen. Da war Jody Scheckter Vizeweltmeister beim Wolf-Team, aber mit 17 Punkten Rückstand von dem Österreicher gebügelt worden.

Der Südafrikaner litauischen Ursprungs kam als 22jähriger 1972 in die Formel 1, zunächst zu McLaren. Berühmtheit errang der bullige Krauskopf, als er bei seinem vierten GP-Lauf in Silverstone einen Massencrash verursachte, dem acht Fahrzeuge zum Opfer fielen. Ernsthaft verletzt wurde niemand.

1974 wechselte Scheckter zu Tyrrell, 1977 zum neugegründeten Shooting-Team Wolf, das sich nur drei Jahre in der Formel 1 hielt. Scheckter wurde mit Wolf auf Anhieb Vizeweltmeister.

Enzo Ferrari schrieb in seinen Memoiren: „Schade, daß er woanders fest eingebunden war. Sonst hätte ich ihn schon eher bei uns eingestellt." Und in der manchmal eigentümlich steifen Sprache seines Lebensrückblicks fuhr er fort: „Schließlich erreichte Scheckter den Erfolg, für den er auserkoren war, nicht nur als wagemutiger Kämpfer, sondern auch als kühler Rechner, wenn er ein mittelfristiges Ziel anpeilte." Ein solches war die Weltmeisterschaft 1979, als sich Scheckter bereits mit nachtwandlerischer Sicherheit auf dem schmalen Grat zwischen Besessenheit und Besonnenheit bewegte. Er gewann den Titel mit vier Punkten Vorsprung vor seinem Team-Kollegen Gilles Villeneuve.

Die folgende Saison 1980, seine letzte, brachte einen schlimmen Absturz: Der amtierende Champion beendete das Jahr nach dem Titelgewinn lediglich mit zwei (!) WM-Punkten. In Kanada mußte er gar die Schmach wegstecken, sich nicht qualifizieren zu können. Da war Jody Scheckter schon ein verwandelter Mann, abgeklärt, weltweise und ein wenig weltmüde, voll staubtrockenen Humors. Er verließ Ferrari und die Formel 1.

Und so schickte ihm Enzo Ferrari freundliche und versöhnliche Worte nach: „Ursprünglich kam er mir als merkwürdig schwieriger Mensch vor. Was aber blieb, war der Eindruck, daß ich es mit einem loyalen Mann zu tun hatte, der das Herz auf dem rechten Fleck trug."

Jody Scheckter gründete nach seiner F1-Karriere eine Firma, die Schußsimulatoren baute.

Sieg für Scheckter in Belgien: Der 312.T4 ist das überlegene Weltmeisterauto des Jahres 1979.

1979
Letzter Champion

Die Scuderia setzt mit dem Südafrikaner Jody Scheckter einen sehr kämpferischen Fahrer neben den jungen Wilden Gilles Villeneuve. Beide Fahrer sind 29, allerdings hat Scheckter weitaus mehr Erfahrung. Er ist 1974 und 1976 Dritter der WM geworden, 1977 Vizeweltmeister.

Der Ferrari 312.T4 hat der zukunftsweisenden „Wing Car"-Konzeption die schiere Kraft und die Zuverlässigkeit des flachgebauten V12-Motors entgegenzusetzen. Damit fahren die beiden Piloten jeweils drei eindrucksvolle Siege heraus. Sie wechseln sich mehrfach in der Tabellenführung ab, aber bereits in Monza, zwei Rennen stehen noch aus, hat Jody Scheckter seinen Weltmeistertitel in der Tasche. Villeneuve wird Vize, das Team Ferrari erneut Konstrukteursweltmeister.

Ein Riesenerfolg für das Team aus Maranello. Noch ahnt niemand, daß der neunte WM-Titel für endlose Jahre der letzte sein wird.

1980
Absturz

Dem Höhenflug des Weltmeisterjahres folgt der totale Absturz. Der modifizierte 312.T5 besticht durch seine Unzuverlässigkeit. Bei den ersten drei Rennen fallen beide Wagen jeweils aus. Insgesamt drei fünfte Plätze sind die besten Plazierungen für Scheckter und Villeneuve im ganzen Jahr. Beim Grand Prix in Kanada schafft Scheckter noch nicht einmal die Qualifikationshürde. Er zieht sich ein Rennen später vom Formel-1-Sport zurück.

In der Teamwertung fällt der Konstrukteursweltmeister des Vorjahres auf den vorletzten Rang zurück. Welche Schmach für Maranello. Das Team um Frank Williams gewinnt die Teamwertung, und mit Alan Jones auch die Weltmeisterschaft.

1981
Turbo-Einsatz

Rennleiter Forghieri weiß, daß für die Dreiliter-Sauger die Götterdämmerung eingesetzt hat. Sein Team hat einen Turbo-Motor entwickelt. 1,5 Liter V6, mit vergleichsweise moderaten 550 PS bei 11.500 U/min im Rennen, 600 PS im Training, wo die Maschinen die Lebenserwartung einer Sylvesterrakete haben.

Mit den Anfängen der aufgeladenen 1,5 Liter beginnt für Ferrari eine Durststrecke wie nie zuvor. Gilles Villeneuve läßt die Roten nur zweimal jubeln: Bei seinem Sieg in Monte Carlo und in Spanien. Es wird der letzte Sieg seiner stürmischen Karriere sein.

Weltmeister 1981 ist der Brasilianer Nelson Piquet auf Brabham-Cosworth.

1982
Villeneuves Tod

Beim Großen Preis von Belgien verunglückt Ferrari-Pilot Gilles Villeneuve im Qualifying. Niemand schämt sich seiner Tränen. Selbst seine Gegner haben den sensiblen, wilden kleinen Mann geliebt. Villeneuve und Ferrari – das war

Gilles Villeneuve siegt 1981 mit dem neuen V6-Turbo in Monaco. Aber die PS-starken Turbos bringen der Scuderia nie einen WM-Titel.

Formel 1 pur, schiere Faszination.

Der Franzose Didier Pironi bringt Ferrari anschließend dem Championat so nahe wie lange nicht. Nach drei Vierteln der Saison wird Pironi bereits vorschnell als Weltmeister gehandelt. Doch dann, am 7. August, zieht ein verheerender Regenunfall in Hockenheim einen Schlußstrich unter seine Karriere. Pironi fährt nie mehr ein Formel-1-Auto. Er kommt 1987 am Steuer eines Rennbootes ums Leben.

Pironi reichen seine 39 Punkte, vier Rennen vor Schluß, noch zu Platz 2 der Weltmeisterschaft. Keke Rosberg hat im Williams-Cosworth nur fünf Punkte mehr eingefahren.

Aufwind bringt dem Ferrari-Team der Gewinn des Konstrukteurstitels. Das Arbeitsgerät der roten Riege 1982: der 126.C2, der erste Ferrari mit einem kohlefaser-verstärkten Monocoque. Es ist das Werk des Doktors der Philosophie und begnadeten Experten Harvey Postlethwaite.

1983
KARBON

Den letzten Stand der esoterischen Wissenschaft vom Chassis verkörpert der 126.C3 von 1983, ein Produkt aus Kevlar und Karbon: unzerstörbar wie der Mythos Ferrari. Bis heute wird dieses Material in der Formel 1 verwendet.

1983 werden die „Wing Cars" mit ihrem geschwungenen Unterboden durchs Reglement verboten.

Das Ferrari-Duo des Jahres 1983 ist rein französisch: Patrick Tambay, im Vorjahr

1982 siegt Didier Pironi in Imola vor Villeneuve. Den erhofften WM-Titel verpaßt der Franzose knapp.

1982 verwendet Ferrari erstmals Karbon, um das Aluminium-Monocoque des 126.C2 zu verstärken.

Mit dem französischen Fahrer René Arnoux holt Ferrari 1983 letztmals den Konstrukteurs-Titel.

Patrick Tambay beim Boxenstopp 83 in Hockenheim. Die Zahl 27 war die Startnummer von Gilles Villeneuve. Ferrari bleibt der Zahl treu.

für den verunglückten Villeneuve engagiert, und René Arnoux. Mit insgesamt drei Siegen und einigen weiteren guten Plazierungen reicht es Ferrari zur Verteidigung des Konstrukteurstitels. Die Meisterschaft aber gewinnt Nelson Piquet auf Brabham-BMW Turbo.

1984
Rennleiter weg

Der Italiener Michele Alboreto gewinnt in Zolder gleich das dritte Rennen der Saison für Ferrari. In Maranello denkt man bereits an die Weltmeisterschaft - und legt für den Rest der Saison die Hände weitgehend in den Schoß. Das rächt sich bitter, denn die McLaren-Porsche haben bald einen uneinholbaren Vorsprung. Niki Lauda und Alain Prost stehen am Ende mit einem halben Punkt Unterschied an der Spitze der WM-Skala.

Alboreto hat keinen weiteren Sieg einfahren können, auch sein Teamkollege René Arnoux kämpft auf verlorenem Posten.

In Maranello gibt man Konstrukteur Forghieri die Schuld. Er wird, obwohl man noch den Vizetitel in der Konstruktions-WM gepackt hat, in die Serienwagenproduktion verbannt.

1985
Leistungssprung

Der neuentwickelte 156/85 zeigt einen gewalti-

Gilles Villeneuve mit der Alu-Karosserie seines Arbeitsgeräts.

1983 noch drei Siege für Ferrari, 1985 ausgemustert: René Arnoux.

Der Schwede Stefan Johansson gewinnt kein einziges Rennen.

1985 ein Hoffnungsschimmer für die Scuderia: Der Italiener Michele Alboreto besiegt am Nürburgring Alain Prost (l.) und Jacques Laffite.

gen Leistungssprung. Mit 780 PS bringt der V6-Turbo gleich 120 PS mehr an die Räder, als das Vorjahresmodell. Nachdem sich Alboreto mit drei zweiten Plätzen eine hervorragende Ausgangsbasis geschaffen hat, gelingt in Kanada der Doppelschlag. Alboreto siegt, sein neuer Teamkollege Stefan Johansson kommt als Zweiter durchs Ziel. Fast zwei Jahre hat Ferrari auf einen solchen Doppelsieg warten müssen.

1985 steht erstmals seit Laudas Unfall wieder der Nürburgring auf dem WM-Programm. Alboreto gewinnt das Rennen aus der achten Startposition heraus und baut seinen Vorsprung als WM-Leader weiter aus.

Doch nun ist Schluß mit lustig. Bei den verbleibenden sieben Rennen versagt der Wagen des Italieners viermal. Alain Prost (McLaren-Porsche) zieht in der WM-Führung an ihm vorbei, schließlich verliert Ferrari auch noch den sicher geglaubten Konstrukteurstitel an das Dennis-Team.

1986
Intrigenspiele

Die gesetzgebende Körperschaft FISA versucht die Explosion der Kraft mit restriktiven Maßnahmen in den Griff zu bekommen – durch Zwangsreduktion des Verbrauchs. Die PS-Werte sind ins Irrwitzige eskaliert: Der F1-86 tritt in Spa mit 890 PS bei 11.500 U/min an, im Training gar mit 1.050 PS. Nur: Die Ferrari-Widersacher BMW, Porsche oder Honda können es meist eine Idee besser, bringen noch mehr Pferdestärken auf die Bremse, warten

Betende Hände eines Rennfahrers. Michele Alboreto erbittet vor dem Rennen himmlischen Beistand.

mit günstigeren Drehmomentverläufen auf, gehen sparsamer mit dem Sprit um oder alles zusammen.

Zudem erhebt ein altes Ferrari-Problem sein tückisches Haupt: Es gibt zu wenige Indianer und zu viele Häuptlinge. Und so wird die Gestione Sportiva erschüttert von Richtungskämpfen, Intrigen und Querelen aller Art. Vergebens wartet man auch darauf, daß der neuengagierte Konstrukteurspapst John Barnard, der für McLaren die Weltmeisterschaftsautos gebaut hat, in Maranello Wunder vollbringt.

1986 ist wiederum ein Jahr ohne Pole-Position und ohne Sieg für die Ferrari-Piloten Stefan Johansson und Michele Alboreto. Alain Prost (McLaren) verteidigt seinen Vorjahrespokal.

1987
BERGER-SIEGE

Johansson wechselt zu McLaren und die Scuderia holt den 26jährigen Österreicher Gerhard Berger von Benetton. Ferrari stellt 1887 einen einsamen Rekord auf: bei 26 Einsätzen registriert man 19 Ausfälle durch technische Defekte. Immerhin gewinnt Berger die beiden letzten Rennen in Japan und Australien.

Nelson Piquet holt im Williams Honda-Turbo seinen dritten Titel.

1988
ENZOS TOD

Trauer in Maranello. Am 14. August 1988 stirbt Gründervater Enzo Ferrari mit neunzig Jahren. Sofort setzt ein umfassendes Revirement ein, das die komplette Führungsmannschaft dahinrafft. Kontinuität fehlt in der Scuderia ebenso wie klare Kommandostrukturen.

Die Formel 1 wird in diesem Jahr klar von McLaren-Honda dominiert. Die Teamgefährten Ayrton Senna und Alain Prost siegen in 15 von 16 Rennen, der Brasilianer wird am Ende Weltmeister sein.

Drei Wochen nach dem Tod des Commendatore gibt es einen Lichtschimmer für die leidgeprüften Tifosi. In Monza bleibt Prost mit Motorschaden liegen, Senna läßt sich von Berger in eine Kollision hetzen. Berger und Alboreto schaffen im F187/88C einen eindrucksvollen Doppelsieg. Dadurch kommt der Österreicher immerhin noch auf Rang 3 der WM-Wertung und Ferrari erringt in der Konstrukteurs-Meisterschaft den zweiten Rang.

1989
V12-ÄRA BEGINNT

Das Reglement verbietet die Turbomotoren. Eine neue Formel tritt in Kraft: Saugmotoren mit 3,5 Litern Volumen.

Nigel Mansell gewinnt seinen Einstands-Grand-Prix für Ferrari am 26. März 1989 im brasilianischen Jacarepagua mit dem F1-89/640. In seinem Nacken röhrt ein eilig zusammengeschusterter V12, in dessen Zylinderköpfen 60 Ventile klöppeln. Er leistet 600 PS bei 12.500 U/min. Die Renaissance der Roten verplätschert nach dem Anfangserfolg mit einem weiteren ersten Platz für den Briten in Ungarn. Gerhard Berger übersteht mit knap-

1988 wird zum letzten Mal der V6 Turbo eingesetzt. Berger siegt b

In Portugal entscheidet Nigel Mansell 1989 die WM, als er trotz Disqualifikation McLaren-Star Ayrton Senna abschießt.

n Monza.

1987: Der junge Wilde Gerhard Berger mit Altstar Alboreto.

Commendatore Enzo Ferrari stirbt 1988. Er wird 90.

per Not einen Unfall in Imola, als er bewußtlos aus dem brennenden Ferrari-Cockpit gerettet wird. Am Saisonende komplettiert er mit einem Sieg in Estoril die mäßige Erfolgsstatistik 89 für Ferrari auf drei Siege.

Bei diesem Rennen in Estoril greift Ferrari-Pilot Mansell entscheidend in die WM ein. Er übersieht die schwarze Disqualifikations-Flagge und rempelt bei einem Überholmanöver den führenden Senna von der Strecke. Senna fehlen am Ende diese Punkte – diesmal muß er McLaren-Kollege Prost den WM-Titel überlassen.

1990
Männerhass

Mit einem üppigen Jahreshaushalt von 200 Millionen Mark geht Ferrari in die Offensive. Nigel Mansell ist nun zusammengespannt mit Alain Prost – der heißblütige Triebtäter mit dem kühlen Analytiker. Es ist eine Zwangs-Symbiose, in der es von Anbeginn an kränkelt und kriselt. 5:1 steht der teaminterne Zweikampf für den französischen „Professor" mit der Jockeyfigur. Alain Prost hat beim letzten Rennen noch eine Chance, Weltmeister zu werden.

Da entscheidet Männerhaß über den Ausgang des Championats – genauso wie im Jahr zuvor, als Prost seinen McLaren-Kollegen Senna von der Strecke und aus dem Titelkampf warf. Der Schauplatz ist derselbe, Suzuka, die Ausrüstung verschieden, denn Senna ist bei McLaren geblieben. Die Methode aber ist ebenso hemdsärmelig und wirksam wie im Jahr zuvor: Mit einem gezielten Rammstoß in der ersten Kurve räumt der Brasilianer den mißliebigen Titelkonkurrenten aus dem Wege und ist Weltmeister. Revanchefoul für 1989.

1991
Prost gefeuert

Von Sennas Schlag, mit dem er Ferrari 1990 sowohl um den Fahrertitel wie die Konstrukteursmeisterschaft gebracht hat, erholen sich die Roten für den Rest der Dienstzeit der 3,5 Liter nicht mehr. Die folgenden drei Jahre bleiben Nullrunden.

1991 ist von politischen Ränkespielen und Machtkämpfen hinter den Kulissen des Traditionsstalls geprägt. Alain Prost vergreift sich gegen Ende der erfolglosen Saison im Ton gegenüber der Teamleitung und wird wegen Majestätsbeleidigung gefeuert. Jean Alesi, Franzose mit sizilianischem Blut in den Adern, hat Nigel Mansell abgelöst und wird als schimmernder Hoffnungsträger gefeiert.

McLaren-Star Ayrton Senna verteidigt seinen Titel, und ganz sicher denkt bei Ferrari niemand daran, daß der neue Benetton-Fahrer Michael Schumacher, der nach der Saisonmitte in der Formel 1 aufgetaucht ist, einmal Ferraris große Hoffnung sein wird.

1992
Neue Führung

Luca de Montezemolo kehrt zu Ferrari zurück - als Präsident. Der Rennleiter der Lauda-Ära hatte in den vergangenen Jahren im Fiat-Konzern leitende Posten

Alain Prost könnte 1990 Ferrari den Titel bringen. Aber beim letzten, entscheidenden GP in Japan rammt ihn Ayrton Senna von der Pis

1991 wird Jean Alesi Hoffnungsträger. Aber für die Scuderia beginnt eine dreijährige Phase, in der es keinen einzigen Sieg zu feiern gibt.

nna ist Weltmeister - und macht sich den Franzosen zum Todfeind.

Doppelsieg: Alain Prost und Nigel Mansell 1990 in Jerez.

inne und organisierte souverän die Fußballweltmeisterschaft 1990 in Italien. Montezemolo engagiert Niki Lauda als Berater und reaktiviert Konstrukteur Harvey Postlethwaite für Ferrari.

Wunder kann die neue Führungsriege nicht vollbringen. Der F92A/644 F1 kommt kaum einmal ins Ziel. Wenn kein technischer Defekt den Wagen stoppt (11 mal), produzieren die Piloten Jean Alesi oder Ivan Capelli Ausfälle durch Unfälle (10). Weder die stinkenden und irrsinnig teuren Giftbrühen, die Spritlieferant Agip in seinen Retorten zusammenbraut, noch die neuen aktiven Fahrwerke bringen Ferrari die erhofften Erfolge.

Der finanziell bestausgestattete Rennstall fällt ins Mittelmaß zurück, während Nigel Mansell und Riccardo Patrese für Williams-Renault die WM im Doppel gewinnen. Dritter im Gesamtklassement wird Rookie Michael Schumacher im Benetton-Ford.

1993
Berger zurück

John Barnard ist wieder Konstrukteur bei Ferrari. Aber viel zu spät wird der neue F93A einsatzbereit, und dann enttäuscht er gleich zu Beginn durch Unzuverlässigkeit, obwohl der Motor als Meisterstück aus der Hohen Schule des Motorenbaus gilt. Der V12 bringt mit variablen Ansaugrohren und pneumatischen Ventilen an die 800 PS an die Räder. Das hohe Weinen ihrer Zwölfzylinder in seiner ausdrucksstarken Melodik, brutal und schön, hebt die Ferrari aus der uniformen Meute ihrer V10-getriebenden Konkurrenz unverwechselbar heraus.

Gerhard Berger beendet seine dreijährige Amtszeit bei McLaren, wo er immer im Schatten des übermächtigen Ayrton Senna gestanden hat. Er wird von seinem früheren Arbeitgeber Ferrari mit großer Hoffnung empfangen. Das Team mag ihn, die Tifosi erst recht. Zur Saisonmitte kommt ein weiterer Hoffnungsträger nach Maranello: Der Franzose Jean Todt übernimmt die Teamleitung.

Dennoch ist 1993 das dritte Jahr zum Abhaken. Bei 32 Einsätzen kommen nur 12 mal die Wagen von Gerhard Berger und Jean Alesi ins Ziel. Kein Sieg, keine Pole-Position.

Alain Prost holt sich auf Williams-Renault seinen vierten Champion-Titel.

1994
58 sieglose Rennen

Die Formel 1, seit vielen Jahren ohne tödlichen Unfall, wird in diesem Jahr durch den mörderischen Crash Ayrton Sennas (Williams) eingebremst. Die Motoren haben sich in ihrer Leistung wieder zügig den tausend PS angenähert, zu dem die letzten Generationen von Turbo-Triebwerken fähig waren. Für 1995 soll ihr Hubraum auf 3 Liter heruntergeschraubt werden. Elektronische Hilfsmittel wie Traktionskontrolle oder Antischlupf-Regelung sind bereits 1994 untersagt worden. Die Weltmeisterschaft soll wieder mehr vom fahrerischen Talent als vom Genie der Konstrukteure entschieden werden.

Auf Tuchfühlung gehen Gerhard Berger und Jean Alesi 1993 in Monaco. Die Saison würde Ferrari gern aus den Annalen streichen: Es ist das dritte Jahr hintereinander ohne Sieg...

In Brasilien übersteht Gerhard Berger 1993 einen Horrorcrash.

Bilden ab 1993 für drei Jahre das Ferrari-Team: Gerhard Berger und Jean Alesi. Als eingespieltes Duo wechseln sie 1996 zu Benetton.

Es ist das Jahr des Deutschen Michael Schumacher. Auf unterlegenem Material – sein Benetton wird vom überalterten Ford-Achtzylinder getrieben – holt er seinen ersten Weltmeistertitel im Benetton.

Für den einzigen Ferrari-Lichtblick sorgt Gerhard Berger. Auf dem Hockenheimring fährt er, nachdem Schumachers Benetton bei einem harten Kopf-an-Kopf-Duell den Geist aufgibt, aufs Siegerpodest. Es ist der erste Ferrari-Erfolg nach 58 sieglosen Rennen, der erste nach einer dreieinhalbjährigen Durststrecke.

Es bleibt auch der einzige in diesem Jahr für das schwergeprüfte Team, das nach wie vor auf den Österreicher und Jean Alesi setzt.

1995
Alesis Triumph

In diesem Jahr kehrt die Formel 1 gewissermaßen nach einem Salto mortale zu drei Litern Hubraum zurück, eine Formel, die seit 1986 auf dem Sperrmüll der Geschichte zu schimmeln schien. Als John Barnards 412.T2 am 6. Februar der Presse präsentiert wird, scheint alles gut: Die Piloten-Ausstattung Gerhard Berger und Jean Alesi gehört zu den beliebtesten und fähigsten Duos der Formel 1, das neue Auto wirkt unkompliziert, die Form ist attraktiv.

Doch all dies verpufft im Pulverdampf der Pisten. Alesis Sieg in Montreal, den er sich zum 31. Geburtstag selbst überreicht, bleibt der einzige für Ferrari in diesem Jahr, der erste und zugleich auch der letzte für den Franzosen im Zeichen des tänzelnden Pferdes.

Im Herbst kann Alesi auf dem Nürburgring rundenlang auf einen erneuten Sieg hoffen, ehe er von einem entfesselt fahrenden Michael Schumacher niedergekämpft wird. In der nächsten Saison werden der Franzose und der deutsche Doppelweltmeister die Cockpits tauschen, und alle Hoffnungen von Ferrari beginnen auf Schumacher zu ruhen.

Die Jahre 1996 und 97 werden im vorderen Teil des Buches ausführlich geschildert. Der Mythos von Ferrari ist trotz der langen Zeit ohne WM-Titel nicht schwächer geworden. Aber in Maranello weiß man: Ferrari ist hart am Limit, die Tifosi wollen ihr Team endlich wieder ganz oben sehen.

Geschafft: Nach 58 sieglosen Rennen gewinnt Gerhard Berger 19

Die Fans halten Berger und Alesi im Pleitejahr 94 die Stange.

Beim Hockenheim-GP 1995 wird Gerhard Berger als Dritter von d

…n Großen Preis von Deutschland.

Erst im 92. GP siegt Jean Alesi 1995. Mit ihm freuen sich die Jordan-Piloten Barrichello und Irvine.

…utschen Ferrari-Fans gefeiert. Auf die Ehrenrunde nimmt er Mika Häkkinen mit. Tage später beginnt sich das Fahrerkarussel zu drehen.

Schum

FERRARI IN FAKTEN, FAKTEN, FAKTEN

586 GRAND PRIX - VON 1950 BIS 1997

In fast 600 Rennen gingen die roten Renner aus Maranello an den Start. Die Motorenpalette wechselte vom 4-Zylinder-Reihenmotor bis zum Zwölfzylinder. Der holte seine Kraft mal aus 1,5 Liter Hubraum, mal aus 3,5. Oft war das Reglement für die Novitiäten verantwortlich, oft auch einfach der Konstrukteurswille. In dieser Tabelle ist jeweils der Motorentyp aufgeführt, der in der Saison am häufigsten eingesetzt wurde.
Ein Typ in Klammern weist auf eine wichtige Novität während der laufenden Saison hin.
61 Piloten starteten bis Ende 1997 für die Scuderia. Sie errangen 113 Siege, 9 Weltmeistertitel, 8 mal die Konstrukteursweltmeisterschaft.

Jahr	Auto	Motor	Gefahrene Grand Prix	Pole-Position	Schnellste Runden	Siege	Fahrer	Punkte	Plazierung	Punkte Konstrukt.-WM
1950	125 F1 375 F1	V12, 1497 ccm, 290 PS/ 8.000 U/min V12, 4494 ccm, 350 PS/ 7.000 U/min	5 (MC, CH, B, F, I)	0	0	0	Alberto Ascari (I) Peter Whitehead (GB) Raymond Sommer (F) Dorino Serafini (I) Luigi Villoresi (I)	11 4 3 3 0	Rang 5 Rang 9 Rang 13 Rang 13 –	21
1951	375 F1	V12, 4494 ccm, 350 PS/ 7.000 U/min	7 (CH, B, F, GB, D, I, E)	3	0	3 (Ascari: D, I; Gonzalez: GB)	Alberto Ascari (I) José Froilan Gonzalez (RA) Luigi Villoresi (I) Piero Taruffi (I)	25 (28) 24 (27) 15 (18) 10	Rang 2 Rang 3 Rang 5 Rang 6	83
1952	500 F2 (Formel 2)	4 Zylinder Reihe, 1985 ccm, 185 PS/ 7.500 U/min	8 (CH, USA, B, F, GB, D, NL, I)	7	7	7 (Ascari: B, F, GB, D, NL, I; Taruffi: CH)	Alberto Ascari (I) Giuseppe Farina (I) Piero Taruffi (I) Rudolf Fischer (CH) Luigi Villoresi (I) Peter Whitehead GB)	36 (52,5) 25 (28) 22 10 8 0	Weltmeister Rang 2 Rang 3 Rang 4 Rang 7 –	120,5
1953	500 F2 (Formel 2)	4 Zylinder Reihe, 1985 ccm, 185 PS/ 7.500 U/min	8 (ARG, NL, B, F, GB, D, CH, I)	6	5	7 (Ascari: ARG, NL, B, GB, CH; Farina: D; Hawthorn: F)	Alberto Ascari (I) Giuseppe Farina (I) Mike Hawthorn (GB) Luigi Villoresi (I)	34,5(46,5) 26 (32) 19 (27) 17	Weltmeister Rang 3 Rang 4 Rang 5	122,5
1954	553 F1 (625 F1)	4 Zylinder Reihe, 2498 ccm, 250 PS/7.200 U/min	8 (ARG, B, F, GB, D, CH, I, E)	3	2	2 (Gonzalez: GB; Hawthorn: E)	José Froilan Gonzalez (RA) Mike Hawthorn (GB) Maurice Trintignant (F) Guiseppe Farina (I) Roberto Manzon (F) Umberto Maglioli (I)	25 (26,5) 24,5 17 6 4 2	Rang 2 Rang 3 Rang 4 Rang 8 Rang 12 Rang 19	80
1955	555 F1 (625 F1)	4 Zylinder Reihe, 2498 ccm, 270 PS/ 7.500 U/min	6 (ARG, MC, B, NL, GB, I)	1	0	1 (Trintignant: MC)	Maurice Trintignant (F) Giuseppe Farina (I) Paul Frère (B) José Froilan Gonzalez (RA) Umberto Maglioli (I) Mike Hawthorn (GB) Harry Schell (F/ USA)	11 1/3 10 1/3 3 2 1 1/3 0 0	Rang 4 Rang 5 Rang 14 Rang 16 Rang 21 – –	25
1956	D50 (801) (Lancia)	V8, 2487 ccm, 265 PS/ 8.000 U/min (275/ 8400)	7 (ARG, MC, B, F, GB, D, I)	6	4	5 (Fangio: GB, D; Collins: B, F; Musso: ARG)	Juan Manuel Fangio (RA) Peter Collins (GB) Eugenio Castellotti (I) Paul Frère (B) Luigi Musso (I) Alfonso de Portago (E) Oliver Gendebien (B) Maurice Trintignant (F)	30 (33) 25 7,5 6 4 3 2 0	Weltmeister Rang 3 Rang 6 Rang 7 Rang 11 Rang 15 Rang 19 –	74,5
1957	801 F1	V8, 2495 ccm, 285 PS/ 8.800 U/min (275/ 8400)	7 (ARG, MC, F, GB, D, PES, I)	0	1	0	Luigi Musso (I) Mike Hawthorn (GB) Peter Collins (GB) Maurice Trintignant (F) Wolfgang von Trips (D) Alfonso de Portago (E) Cesare Perdisa (I) Eugenio Castellotti (I)	16 13 8 5 4 1 0 0	Rang 3 Rang 4 Rang 8 Rang 12 Rang 14 Rang 20 – –	47 Erst seit 1958 gibt es in der Formel 1 eine offizielle Konstrukteurswertung
1958	DINO 246.F1	V6, 2417 ccm, 280 PS/ 8.500 U/min (295/ (8600)	10 (ARG, MC, NL, B, F, GB, D, P, I, MAR)	4	6	2 (Hawthorn: F; Collins: GB)	Mike Hawthorn (GB) Peter Collins (GB) Luigi Musso (I) Wolfgang von Trips (D) Phil Hill (USA) Oliver Gendebien (B)	41 14 12 9 9 0	Weltmeister Rang 5 Rang 7 Rang 10 Rang 9 –	40 (57) * Rang 2 (hinter Vanwall) *Gewertet wurden die 5 besten Resultate
1959	DINO 246.F1 (256.F1)	V6, 2417 ccm, 300 PS/ 9.000 U/min	7 (MC, NL, F, D, P, I, USA)	2	2	2 (Brooks: F, D)	Tony Brooks (GB) Phil Hill (USA) Dan Gurney (USA) Oliver Gendebien (B) Cliff Allison (GB) Jean Behra (F)	27 20 13 3 2 2	Rang 2 Rang 4 Rang 7 Rang 15 Rang 17 Rang 17	32 (38) * Rang 2 (hinter Cooper) *Gewertet wurden die 5 besten Resultate

Jahr	Auto	Motor	Gefahrene Grand Prix	Pole-Position	Schnellste Runden	Siege	Fahrer	Punkte	Plazierung	Punkte Konstrukt.-WM
1960	DINO 256. MP. F1	V6, 2497 ccm, 290 PS/ 8.500 U/min (295/ 8600)	8 (ARG, MC, NL, B, F, GB, P, I)	1	2	1 (Hill: I)	Phil Hill (USA) Wolfgang von Trips (D) Richie Ginther (USA) Cliff Allison (GB) Willy Mairesse (B)	16 10 8 6 4	Rang 5 Rang 6 Rang 8 Rang 12 Rang 15	24 (27)* Rang 3 (hinter Cooper und Lotus) *Gewertet wurden die 6 besten Resultate
1961	DINO 156.F1/ 61	V6, 1476 ccm, 190 PS/ 9500 U/min **ERSTMALS MITTELMOTOR**	7 (MC, NL, B, F, GB, D, I)	6	5	5 (von Trips: NL, GB; Hill: B, I; Baghetti: F)	**Phil Hill (USA)** Wolfgang von Trips (D) Richie Ginther (USA) Giancarlo Baghetti (I) Willy Mairesse (B)	34 (38) 33 16 9 0	**Weltmeister** Rang 2 Rang 5 Rang 9 –	40 (52)* **Konstrukt.-Weltmeister** *Gewertet wurden die 5 besten Resultate
1962	DINO 156.F1/ 62	V6, 1476 ccm, 190 PS/ 9.500 U/min	6 (NL, MC, B, GB, D, I)	0	0	0	Phil Hill (USA) Giancarlo Baghetti (I) Lorenco Bandini (I) Pedro Rodriguez (MEX) Willy Mairesse (B)	14 5 4 4 3	Rang 6 Rang 11 Rang 12 Rang 12 Rang 14	18* Rang 5 (hinter BRM, Lotus, Cooper, Lola; punktgleich mit Porsche) *Gewertet wurden die 5 besten Resultate
1963	DINO 156.F1/ 63	V6, 1476 ccm, 190 PS/ 9.500 U/min	10 (MC, B, NL, F, GB, D, I, USA, MEX, SA)	1	3	1 (Surtees: D)	John Surtees (GB) Lorenzo Bandini (I) Ludovico Scarfiotti (I) Willy Mairesse (B)	22 6 1 0	Rang 4 Rang 9 Rang 15 –	26* Rang 4 Konstrukt.-WM (hinter Lotus, BRM, Brabham) *Gewertet wurden die 6 besten Resultate
1964	156.F1/ 64 158.F1 („Aero")	V6, 1476 ccm, 190 PS/ 9.500 U/min V8, 1489 ccm, 210 PS/ 11.000 U/min	10 (MC, NL, B, F, GB, D, A, I, USA, MEX)	2	2	3 (Surtees: D, I Bandini: A)	**John Surtees (GB)** Lorenzo Bandini (I) Pedro Rodriguez (MEX)	40 23 1	**Weltmeister** Rang 4 Rang 19	45 (49)* **Konstrukt.-Weltmeister** *Gewertet wurden die 6 besten Resultate
1965	158.F1 512.F1	V8, 1489 ccm, 210 PS/ 11.000 U/min V12, 1489 ccm. 255 PS/ 12.000 U/min	10 (Sa, MC, B, F, GB, NL, D, I, USA, MEX)	0	0	0	John Surtees (GB) Lorenzo Bandini (I)	17 13	Rang 5 Rang 6	26 (27)* Rang 4 (hinter Lotus, BRM, Brabham) *Gewertet wurden die 6 besten Resultate
1966	312. F1/66 (246 T)	V12, 2989 ccm, 360 PS/ 10.000 U/min	7 (MC, B, F, NL, D, I, USA)	3	4	2 (Surtees: B; Scarfiotti: I)	John Surtees (GB) (nach 2 R. zu Cooper) Lorenzo Bandini (I) Mike Parkes (GB) Ludovico Scarfiotti (I)	28 12 12 9	Rang 2 Rang 8 Rang 8 Rang 10	31 (32)* Rang 2 (hinter Brabham) *Gewertet wurden die 5 besten Resultate
1967	312. F1/67	V12, 2989 ccm, 395 PS/ 10.000 U/min	10 (MC, NL, B, F, GB, D, CAN, I, USA, MEX)	0	0	0	Chris Amon (NZ) Mike Parkes (GB) Ludovico Scarfiotti (I) Lorenco Bandini (I)	20 2 1 0	Rang 4 Rang 16 Rang 19 –	20 Rang 4 (hinter Brabham, Lotus, Cooper, punktgleich mit Honda)
1968	312. F1/68	V12, 2989 ccm, 410 PS/ 10.600 U/min	11 (SA, E, B, NL, F, GB, D, I, CAN, USA, MEX)	0	0	1 (Ickx: F)	Jacky Ickx (B) Chris Amon (NZ) Andrea de Adamich (I)	27 10 0	Rang 4 Rang 10 –	32 Rang 4 (hinter Lotus, McLaren, Matra)
1969	312. F1/69	V12, 2989 ccm, 435 PS/ 11.000 U/min	10 (SA, E, MC, NL, F, GB, I, CAN, USA, MEX)	5	0	0	Chris Amon (NZ) Pedro Rodriguez (MEX)	4 3	Rang 12 Rang 13	7 Rang 5 (hinter Matra, Brabham, Lotus, McLaren, punktgleich mit BRM)
1970	312. B	V12, 2991 ccm, 460 PS/ 12.000 U/min	13 (SA, E, MC, B, NL, F, GB, D, A, I, CAN, USA, MEX)	5	7	4 (Ickx: A, F, MEX; Regazzoni: I)	Jacky Ickx (B) Clay Regazzoni (CH) Ignazio Giunti (I)	40 33 3	Rang 2 Rang 3 Rang 17	55 Rang 2 (hinter Lotus)
1971	312. B 2	V12, 2991 ccm, 470 PS/ 12.600 U/min	11 (SA, E, MC, NL, F, GB, D, A, I, CAN, USA)	3	4	2 (Andretti: SA; Ickx:: NL)	Jacky Ickx (B) Clay Regazzoni (CH) Mario Andretti (USA)	19 13 12	Rang 4 Rang 7 Rang 8	33 Rang 4 (hinter Tyrrell, BRM, March)
1972	312.B2	V12, 2991 ccm, 460 PS/ 12.500 U/min	12 (ARG, SA, E, MC, B, F, GB, D, A, I, CAN, USA)	4	3	1 (Ickx: D)	Jacky Ickx (B) Clay Regazzoni (CH) Mario Andretti (USA)	27 15 4	Rang 4 Rang 6 Rang 12	33 Rang 4 (hinter Lotus, Tyrell, McLaren)
1973	312. B3	V12, 2992 ccm, 485 PS/ 12.500 U/min	13 (ARG, BRA, SA, E, B, MC, S, F, GB, A, I, CAN, USA)	0	0	0	Jacky Ickx (B) Arturo Merzario (I)	12 6	Rang 9 Rang 12	12 Rang 6 (hinter Lotus, Tyrell, McLaren, Brabham, March, punktgleich mit BRM)
1974	312.B3	V12, 2992 ccm, 485 PS/ 12.500 U/min	15 (ARG, BRA, SA, E, B, MC, S, NL, F, GB, D, A, I, CAN, USA)	10	7	3 (Lauda: E, NL; Regazzoni: D)	Clay Regazzoni (CH) Niki Lauda (A)	52 38	Rang 2 Rang 4	65 Rang 2 (hinter McLaren)
1975	312.T	V12, 2992 ccm, 495 PS/ 12.200 U/min	14 (ARG, BRA, SA, E, MC, B, S, NL, F, GB, D, A, I, USA)	9	6	6 (Lauda: MC, B, NL, F, USA; Regazzoni: I)	**Niki Lauda (A)** Clay Regazzoni (CH)	64,5 25	**Weltmeister** Rang 5	72,5 **Konstrukt.-Weltmeister** (vor Brabham, McLaren)
1976	312.T2	V12, 2992 ccm, 500 PS/ 12.200 U/min	15 (BRA, SA, USA-W, E, B, MC, S, F, GB, D, NL, I, CAN, USA-O, J)	4	7	5 (Lauda: BRA, SA, B, MC; Regazzoni: USA)	Niki Lauda (A) Clay Regazzoni (CH) Carlos Reutemann (USA)	68 31 3	Rang 2 Rang 5 Rang 16	83 **Konstrukt.-Weltmeister** (vor McLaren, Tyrell)
1977	312.T2	V12, 2992 ccm, 500 PS/ 12.200 U/min	17 (ARG, BRA, SA, USA-W, E, MC, B, S, F, GB, D, A, NL, I, USA-O, CAN, J)	2	3	4 (Lauda: SA, D, NL; Reutemann: BRA)	**Niki Lauda (A)** Carlos Reutemann (USA) Gilles Villeneuve (CAN)	72 42 0	**Weltmeister** Rang 4 –	95 **Konstrukt.-Weltmeister** (vor Lotus, McLaren)
1978	312.T3	V12, 2992 ccm, 515 PS/ 12.200 U/min	16 (ARG, BRA, SA, USA-W, MC, B, E, S, F, GB, D, A, NL, I, USA-O, CAN)	2	3	5 (Reutemann: BRA, USA, GB, USA; Villeneuve: CAN)	Carlos Reutemann (USA) Gilles Villeneuve (CAN)	48 17	Rang 3 Rang 9	58 Rang 2 (hinter Lotus)
1979	312.T4	V12, 2992 ccm, 515 PS/ 12.300 U/min	15 (ARG, BRA, SA, USA-W, E, B, MC, F, GB, D, A, NL, I, CAN, USA-O)	2	6	6 (Scheckter: B, MC, I; Villeneuve: SA, USA-W,USA-O))	**Jody Scheckter (SA)** Gilles Villeneuve (CAN)	51 (60) 47 (53)	**Weltmeister** Rang 2	113 **Konstrukt.-Weltmeister** (vor Williams, Ligier)

Jahr	Auto	Motor	Gefahrene Grand Prix	Pole-Position	Schnellste Runden	Siege	Fahrer	Punkte	Plazierung	Punkte Konstrukt.-WM
1980	312 .T5	V12, 2992 ccm, 515 PS/ 12.300 U/min	14 (ARG, BRA, SA, USA-W, B, MC, F, GB, D, A, NL, I, CAN, USA-O)	0	0	0	Gilles Villeneuve (CAN) Jody Scheckter (SA)	6 2	Rang 10 Rang 19	8 Rang 10 (hinter Williams, Ligier, Brabham, Renault, Lotus, Tyrrell, Arrows, Fittipaldi, McLaren)
1981	126.CK	V6, 1496 ccm, 550 PS/ 11.500 U/min, Turbo	15 (USA-W, BRA, ARG, SM, B, MC, E, F, GB, D, A, NL, I , CAN, USA-O)	1	2	2 (Villeneuve: MC, E)	Gilles Villeneuve (CAN) Didier Pironi (F)	25 9	Rang 7 Rang 13	34 Rang 5 (hinter Williams, Brabham, Renault, Ligier)
1982	126.C2	V6, 1496 ccm, 580 PS/ 11.000 U/min, Turbo	14 (USA, BRA, USA-W, SM, MC, USA, CAN, NL, GB, F, D, A, I, USA-O)	3	2	3 (Pironi: I, NL; Tambay: D)	Didier Pironi (F) Patrick Tambay (F) Gilles Villeneuve (CAN) Mario Andretti (USA)	39 25 6 4	Rang 2 Rang 7 Rang 15 Rang 19	74 **Konstrukt.-Weltmeister** (vor McLaren, Renault)
1983	126.C3 (126.C2 B)	V6, 1496 ccm, 600 PS/ 10.500 U/min, Turbo	15 (BRA, USA-W, F, SM, MC, B, USA-O, CAN, GB, D, A, NL, I, EUR, SA)	8	3	4 (Arnoux: CAN, D, NL; Tambay: I)	René Arnoux (F) Patrick Tambay (F)	49 40	Rang 3 Rang 4	89 **Konstrukt.-Weltmeister** (vor Renault, Brabham)
1984	126 C4	V6, 1496 ccm, 660 PS, 11.000 U/min, Turbo	16 (BRA, SA, B, SM, F, MC, CAN, USA-W, USA-O, GB, D, A, NL, I, EUR, P)	1	2	1 (Alboreto: B)	Michele Alboreto (I) René Arnoux (F)	30,5 27	Rang 4 Rang 6	57,5 Rang 2 (hinter McLaren)
1985	156/85	V6, 1496 ccm, 780 PS/ 11.000 U/min, Turbo	16 (BRA, P, SM, MC, CAN, USA, F, GB, D, A, NL, I, B, EUR, SA, AUS)	1	2	2 (Alboreto: CAN, D)	Michele Alboreto (I) Stefan Johansson (S) René Arnoux (F)	53 26 3	Rang 2 Rang 7 Rang 17	82 Rang 2 (hinter McLaren)
1986	F1 86	V6, 1496 ccm, 850 PS/ 11.000 U/min, Turbo	16 (BRA, E, SM, MC, B, CAN, USA, F, GB, D, H, A, I, P, MEX, AUS)	0	0	0	Stefan Johansson (S) Michele Alboreto (I)	23 14	Rang 5 Rang 8	37 Rang 4 (hinter Williams, McLaren, Lotus)
1987	F1 87/88 C	V6, 1496 ccm, 880 PS/ 11.500 U/min, Turbo	16 (BRA, SM, B, MC, USA, F, GB, D, H, A, I, P, E, MEX, J, AUS)	3	3	2 (Berger: J, AUS)	Gerhard Berger (A) Michele Alboreto (I)	36 17	Rang 5 Rang 7	53 Rang 4 (hinter Williams, McLaren, Lotus)
1988	F1 87	V6, 1496 ccm, 660 PS/ 11.500 U/min, Turbo	16 (BRA, SM, MC, MEX, CAN, USA, F, GB, D, H, B, I, P, E, J, AUS)	1	4	1 (Berger: I)	Gerhard Berger (A) Michele Alboreto (I)	41 24	Rang 3 Rang 5	65 Rang 2 (hinter McLaren)
1989	640 F1	V12, 3498 ccm, 600 PS/ 12.500 U/min	16 (BRA, SM, MC, MEX, USA, CAN, F, GB, D, H, B, I, P, E, J, AUS)	0	4	3 (Mansell: BRA, H; Berger: P)	Nigel Mansell (GB) Gerhard Berger (A)	38 21	Rang 4 Rang 7	59 Rang 3 (hinter McLaren, Williams)
1990	641 F1 (641/2)	V12, 3498 ccm, 680 PS/ 12.750 U/min	15 (BRA, SM, MC, CAN, MEX, F, GB, D, H, B, I, P, E, J, AUS)	5	5	6 (Prost: BRA, MEX, F, GB, E; Mansell: P)	Alain Prost (F) Nigel Mansell (GB)	71 (73) 37	Rang 2 Rang 5	110 Rang 2 (hinter McLaren)
1991	642 F1 (643 F1)	V12, 3498 ccm, 710 PS/ 13.800 U/min	16 (USA, BRA, SM, MC, CAN, MEX, F, GB, D, H, B, I, P, E, J, AUS)	2	2	0	Alain Prost (F) Jean Alesi (F) Gianni Morbidelli (I)	34 21 0,5	Rang 5 Rang 7 Rang 24	55,5 Rang 3 (hinter McLaren-Honda, Williams-Renault)
1992	644 F1 F92 A (AT)	V12, 3498 ccm, 700 PS/ n.a.	16 (SA, MEX, BRA, E, SM, MC, CAN, F, GB, D, H, B, I, P, J, AUS)	0	0	0	Jean Alesi (F) Ivan Capelli (I) Nicola Larini (I)	18 3 0	Rang 7 Rang 12 -	21 Rang 4 (hinter Williams-Renault, McLaren-Honda, Benetton-Ford)
1993	F93	V12, 3498 ccm, 700 PS/ n.a.	16 (SA, BRA, EUR, SM, E, MC, CAN, F, GB, D, H, B, I, P, J, AUS)	0	0	0	Jean Alesi (F) Gerhard Berger (A)	16 12	Rang 6 Rang 8	28 Rang 4 (hinter Williams-Renault, McLaren-Ford, Benetton-Ford)
1994	412.T1 (412.T1B)	V12, 3498 ccm, 780 PS/n.a.	16 (BRA, PAC, SM, MC, E, CAN, F, GB, D, H, B, I, P, EUR, J, AUS)	0	0	1 (Berger: D)	Gerhard Berger (A) Jean Alesi (F) Nicola Larini (I)	41 24 6	Rang 3 Rang 5 Rang 14	71 Rang 3 (hinter Williams-Renault, Benetton-Ford)
1995	412.T2	V12, 2997 ccm, 730 PS/17.000 U/min.	17 (BRA, ARG, SM, E, MC, CAN, F, GB, D, H, B, I, P, EUR, PAC, J, AUS)	3	3	1 (Alesi: CAN)	Jean Alesi (F) Gerhard Berger (A)	42 31	Rang 5 Rang 6	73 Rang 3 (hinter Benetton-Renault, Williams-Renault)
1996	F310	V10, 2998 ccm, über 650 PS/ n.a.	16 (AUS, BRA, ARG, EUR, SM, MC, E, CAN, F, GB, D, H, B, I, P, J)	2	2	3 (Schumacher: E, B, I)	Michael Schumacher (D) Eddie Irvine (GB)	59 11	Rang 3 Rang 11	70 Rang 2 (hinter Williams-Renault)
1997	F 310 B	V10, 2998 ccm, ca. 750 PS/17.000 U/min.	17 (AUS, BRA, ARG, SM, MC, E, CAN, F, GB, D, H, B, I, A, L, P, J, EUR)	3	3	5 (Schumacher: MC, CAN, F, B, J)	Michael Schumacher (D) Eddie Irvine (GB)	81 78	Rang 2 Rang 8	102 Rang 2 (hinter Williams-Ren.)

ALLE WELTMEISTER DER FORMEL 1

1950
1. Giuseppe Farina (I), Alfa Romeo, 30 P.
2. Juan Manuel Fangio (RA), Alfa Roméo, 27 P.
3. Luigi Fagioli (I), Alfa Roméo, 24 P.

1951
1. Juan-Manuel Fangio (RA), Alfa Romeo, 31 P.
2. Alberto Ascari (I) Ferrari, 25 P.
3. José Froilan Gonzales (RA), Ferrari, 24 P.

1952
1. Alberto Ascari (I), Ferrari, 36 P.
2. Giuseppe Farina (I), Ferrari, 25 P.
3. Piero Taruffi (I), Ferrari, 22 P.

1953
1. Alberto Ascari (I), Ferrari, 34,5 P.
2. Juan-Manuel Fangio (RA), Maserati, 28 P.
3. Giuseppe Farina (I), Ferrari, 26 P.

1954
1. Juan Manuel Fangio (RA), Maserati/Mercedes, 42 P.
2. José Froilan Gonzales (RA), Ferrari, 25 P.
3. Mike Hawthorn (GB), Ferrari, 24,5 P.

1955
1. Juan Manuel Fangio (RA), Mercedes, 40 P.
2. Stirling Moss (GB), Mercedes, 23 P.
3. Eugenio Castellotti (I), Lancia/Ferrari, 12 P.

1956
1. Juan Manuel Fangio (RA), Ferrari, 30 P.
2. Stirling Moss (GB), Maserati, 27 P.
3. Peter Collins (GB), Ferrari, 25 P.

1957
1. Juan Manuel Fangio (RA), Maserati, 40 P.
2. Stirling Moss (GB), Vanwall, 25 P.
3. Luigi Musso (I), Ferrari, 16 P.

1958
1. Mike Hawthorn (GB), Ferrari, 42 P.
2. Stirling Moss (GB), Cooper-Climax/Vanwall, 41 P.
3. Tony Brooks (GB), Vanwall, 24 P.

1959
1. Jack Brabham (AUS), Cooper-Climax, 31 P.
2. Tony Brooks (GB), Ferrari, 27 P.
3. Stirling Moss (GB), Cooper-Climax, 25,5 P.

1960
1. Jack Brabham (AUS), Cooper-Climax, 43 P.
2. Bruce McLaren (NZ), Cooper-Climax, 34 P.
3. Stirling Moss (GB), Lotus-Climax, 19 P.

1961
1. Phil Hill (USA), Ferrari, 34 P.
2. Wolfgang Graf Berghe von Trips (D), Ferrari, 33 P.
3. Stirling Moss (GB), Lotus-Climax, 21 P.

1962
1. Graham Hill (GB), BRM, 42 P.
2. Jim Clark (GB), Lotus-Climax, 30 P.
3. Bruce McLaren (NZ), Cooper-Climax, 27 P.

1963
1. Jim Clark (GB), Lotus-Climax, 54 P.
2. Graham Hill (GB), BRM, 29 P.
Richie Ginther (USA), BRM, 29 P.

1964
1. John Surtees (GB), Ferrari, 40 P.
2. Graham Hill (GB), BRM, 39 P.
3. Jim Clark (GB), Lotus-Climax, 32 P.

1965
1. Jim Clark (GB), Lotus-Climax, 54 P.
2. Graham Hill (GB), BRM, 40 P.
3. Jackie Stewart (GB), BRM, 33 P.

1966
1. Jack Brabham (AUS), Brabham-Repco, 42 P.
2. John Surtees (GB), Ferrari/Cooper-Maserati, 28 P.
3. Jochen Rindt (A), Cooper-Maserati, 22 P.

1967
1. Denis Hulme (NZ), Brabham-Repco, 51 P.
2. Jack Brabham (AUS), Brabham-Repco, 46 P.
3. Jim Clark (GB), Lotus-Cosworth, 41 P.

1968
1. Graham Hill (GB), Lotus-Cosworth, 48 P.
2. Jackie Stewart (GB), Matra-Cosworth, 36 P.
3. Denis Hulme (NZ), McLaren-Cosworth, 33 P.

1969
1. Jackie Stewart (GB), Matra-Cosworth, 63 P.
2. Jacky Ickx (B), Brabham-Cosworth, 37 P.
3. Bruce McLaren (NZ), McLaren-Cosworth, 26 P.

1970
1. Jochen Rindt (A), Lotus-Cosworth, 45 P.
2. Jacky Ickx (B), Ferrari, 40 P.
3. Clay Regazzoni (CH), Ferrari, 33 P.

1971
1. Jackie Stewart (GB), Tyrrell-Cosworth, 62 P.
2. Ronnie Peterson (S), March-Cosworth, 33 P.
3. François Cevert (F), Tyrrell-Cosworth, 26 P.

1972
1. Emerson Fittipaldi (BRA), Lotus-Cosworth, 61 P.
2. Jackie Stewart (GB), Tyrrell-Cosworth, 45 P.
3. Denis Hulme (NZ), McLaren-Cosworth, 39 P.

1973
1. Jackie Stewart (GB), Tyrrell-Cosworth, 71 P.
2. Emerson Fittipaldi (BRA), Lotus-Cosworth, 55 P.
3. Ronnie Peterson (S), Lotus-Cosworth, 52 P.

1974
1. Emerson Fittipaldi (BRA), McLaren-Cosworth, 55 P.
2. Clay Regazzoni (CH), Ferrari, 52 P.
3. Jody Scheckter (ZA), Tyrrell-Cosworth, 45 P.

1975
1. Niki Lauda (A), Ferrari, 64,5 P.
2. Emerson Fittipaldi (BRA), McLaren-Cosworth, 45 P.
3. Carlos Reutemann (RA), Brabham-Cosworth, 37 P.

1976
1. James Hunt (GB), McLaren-Cosworth, 69 P.
2. Niki Lauda (A), Ferrari, 68 P.
3. Jody Scheckter (ZA), Tyrrell-Cosworth, 49 P.

1977
1. Niki Lauda (A), Ferrari, 72 P.
2. Jody Scheckter (ZA), Wolf-Cosworth, 55 P.
3. Mario Andretti (USA), Lotus-Cosworth, 47 P.

1978
1. Mario Andretti (USA), Lotus-Cosworth, 64 P.
2. Ronnie Peterson (S), Lotus-Cosworth, 51 P.
3. Carlos Reutemann (RA), Ferrari, 48 P.

1979
1. Jody Scheckter (ZA), Ferrari, 51 P.
2. Gilles Villeneuve (CDN), Ferrari, 47 P.
3. Alan Jones (AUS), Williams-Cosworth, 40 P.

1980
1. Alan Jones (AUS), Williams-Cosworth, 67 P.
2. Nelson Piquet (BRA), Brabham-Cosworth, 54 P.
3. Carlos Reutemann (RA), Williams-Cosworth, 42 P.

1981
1. Nelson Piquet (BRA), Brabham-Cosworth, 50 P.
2. Carlos Reutemann (RA), Williams-Cosworth, 49 P.
3. Alan Jones (AUS), Williams-Cosworth, 46 P.

1982
1. Keke Rosberg (SF), Williams-Cosworth, 44 P.
2. Didier Pironi (F), Ferrari Turbo, 39 P.
John Watson (GB), McLaren-Cosworth, 39 P.

1983
1. Nelson Piquet (BRA), Brabham-BMW Turbo, 59 P.
2. Alain Prost (F), Renault Turbo, 57 P.
3. René Arnoux (F), Ferrari Turbo, 49 P.

1984
1. Niki Lauda (A), McLaren TAG-Porsche, 72 P.
2. Alain Prost (F), McLaren TAG-Porsche, 71,5 P.
3. Elio de Angelis (I), Lotus-Renault T., 34 P.

1985
1. Alain Prost (F), McLaren TAG-Porsche, 73 P.
2. Michele Alboreto (I), Ferrari, 53 P.
3. Keke Rosberg (SF), Williams-Honda, 40 P.

1986
1. Alain Prost (F), McLaren TAG-Porsche, 72 P.
2. Nigel Mansell (GB), Williams-Honda Turbo, 70 P.
3. Nelson Piquet (BRA), Williams-Honda Turbo, 69 P.

1987
1. Nelson Piquet (BRA), Williams-Honda Turbo, 73 P.
2. Nigel Mansell (GB), Williams-Honda Turbo, 61 P.
3. Ayrton Senna (BRA), Lotus-Honda Turbo, 57 P.

1988
1. Ayrton Senna (BRA), McLaren-Honda Turbo, 90 P.
2. Alain Prost (F), McLaren-Honda Turbo, 87 P.
3. Gerhard Berger (A), Ferrari Turbo, 41 P.

1989
1. Alain Prost (F), McLaren-Honda, 76 P.
2. Ayrton Senna (BRA), McLaren-Honda, 60 P.
3. Riccardo Patrese (I), Williams-Renault, 40 P.

1990
1. Ayrton Senna (BRA), McLaren-Honda, 78 P.
2. Alain Prost (F), Ferrari, 71 P.
3. Nelson Piquet (BRA), Benetton-Ford, 43 P.

1991
1. Ayrton Senna (BRA), McLaren-Honda, 96 P.
2. Nigel Mansell (GB), Williams-Renault, 72 P.
3. Riccardo Patrese (I), Williams-Renault, 53 P.

1992
1. Nigel Mansell (GB), Williams-Renault, 108 P.
2. Riccardo Patrese (I), Williams-Renault, 56 P.
3. Michael Schumacher (D), Benetton-Ford, 53 P.

1993
1. Alain Prost (F), Williams-Renault, 99 P.
2. Ayrton Senna (BRA), McLaren-Ford, 73 P.
3. Damon Hill (GB), Williams-Renault, 69 P.

1994
1. Michael Schumacher (D), Benetton-Ford, 92 P.
2. Damon Hill (GB), Williams-Renault, 91 P.
3. Gerhard Berger (A), Ferrari, 41 P.

1995
1. Michael Schumacher (D), Benetton-Renault, 102 P.
2. Damon Hill (GB), Williams-Renault, 69 P.
3. David Coulthard (GB), Williams-Renault, 49 P.

1996
1. Damon Hill (GB), Williams-Renault, 97 P.
2. Jacques Villeneuve (CAN), Williams-Renault, 78 P.
3. Michael Schumacher (D), Ferrari, 59 P.

1997
2. Jacques Villeneuve (CAN), Williams-Renault, 81 P.
2. Michael Schumacher (D), Ferrari, 78 P.
2. Heinz-Harald Frentzen (D), Williams-Renault, 42 P.

Schöne Frauen gehören zur Formel 1 – auch wenn Enzo Ferrari ihnen seinerzeit gern den Zutritt zu den Boxen verboten hätte. HH Fren

ʳeundin Tanja Nigge und Corinna Schumacher begegnen sich häufig an der Rennstrecke. Ein Thema ist tabu: Die Angst um den Partner.

DIE EWIGE BESTENLISTE

Stand Saisonende 1997

Die Konstrukteurs-Weltmeisterschaft (seit 1958)

9 Titel
Williams: 1980, 81, 86, 87, 92, 93, 94, 96, 97

8 Titel
Ferrari: 1961, 64, 75, 76, 77, 79, 82, 83

7 Titel
Lotus: 1963, 65, 68, 70, 72, 73, 78
McLaren: 1974, 84, 85, 88, 89, 90, 91

2 Titel
Cooper: 1959, 60
Brabham: 1966, 67

Die Teams der Weltmeister

9 Titel
Ferrari: 1952, 53, 56, 58, 61, 64, 75, 77, 79
McLaren: 1974, 76, 84, 85, 86, 88, 89, 90, 91

7 Titel
Williams: 1980, 82, 87, 92, 93, 96, 97

6 Titel
Lotus: 1963, 65, 68, 70, 72, 78

4 Titel
Brabham: 1966, 67, 81, 83

2 Titel
Alfa Romeo: 1950, 51
Mercedes: 1954*, 55
Maserati: 1954*, 57
Cooper: 1959, 60
Tyrrell: 1971, 73
Benetton: 1994, 95

*Titel wurde von 2 Teams gewonnen

Die Teams mit den meisten Siegen

1.	Ferrrari	113
2.	McLaren	107
3.	Williams	103
4.	Lotus	79
5.	Brabham	35
6.	Benetton	27
7.	Tyrrell	23
8.	BRM	17
9.	Cooper	16
10.	Renault	15

Die Fahrer mit den meisten Siegen

1.	Alain Prost (F)	51
2.	Ayrton Senna (BRA)	41
3.	Nigel Mansell (GB)	31
4.	Michael Schumacher (D)	27
	Jackie Stewart (GB)	27
6.	Jim Clark (GB)	25
	Niki Lauda (A)	25
8.	J. M. Fangio (ARG)	24
9.	Nelson Piquet (BRA)	23
10.	Damon Hill (GB)	21
11.	Stirling Moss (GB)	16
12.	Jack Brabham (AUS)	14
	Emerson Fittipaldi (BRA)	14
	Graham Hill (GB)	14
15.	Alberto Ascari (I)	13
	Jacq. Villeneuve (CAN)	13

Die Fahrer mit den meisten Punkten

1.	Prost	798,5
2.	Senna	614
3.	Piquet	485,5
4.	Mansell	482
5.	Schumacher	440
6.	Lauda	420,5
7.	Berger	385
8.	Stewart	360
9.	D. Hill	333
10.	Reutemann	310
11.	G. Hill	289
12.	E. Fittipaldi	281
	Patrese	281
14.	Fangio	277,5

Internat. WM-Titel Hitparade

Großbritannien	12
Brasilien	8
Argentinien	5
Australien	4
Frankreich	4
Österreich	4
Italien	3
Deutschland	2
USA	2
Finnland	1
Kanada	1
Neuseeland	1
Südafrika	1

Siege der Motoren

1.	Ford	174
2.	Ferrari	113
3.	Renault	95
4.	Honda	71
5.	Climax	40
6.	Porsche	26
7.	BRM	18
8.	Alfa Romeo	12
	Mercedes	12
10.	Maserati	11
11.	BMW	9
	Vanwall	9

Die meisten Pole-Positions

1.	Ayrton Senna	65
2.	Jim Clark	33
	Alain Prost	33
4.	Nigel Mansell	32
5.	Juan-Manuel Fangio	28
6.	Niki Lauda	24
	Nelson Piquet	24
8.	Daimon Hill	20
9.	Mario Andretti	18
	René Arnoux	18
11.	Michael Schumacher	17
	Jackie Stewart	17
13.	Stirling Moss	16
14.	Alberto Ascari	14
	James Hunt	14
	Ronnie Peterson	14
17.	Jacques Villeneuve	13
	Jack Brabham	13
	Graham Hill	13
	Jacky Ickx	13
21.	Gerhard Berger	12

Superlative beim Großen Preis von Brasilien 1997: Michael Schumacher, der erfolgreichste deutsche Rennfahrer. Ferrari, der traditionsreichste F-1-Stall. Gerhard Berger, der älteste F1-Fahrer der Saison. Benetton, mit dem erfolgreichsten Motor der 90er Jahre.

MILD SEVEN
Marlboro
Shell
5
Asprey
PIONEER
MILD SEVEN
BIAS
TELECOM

Bildnachweis

ASA: 2/3o, 14o, 16/17, 18/19u, 23(2), 46/47 (3), 75or, 86/87, 88/89, 89u, 95m, 95u, 98ul, 150/1, Rücktitel: u, or
AutoBild: Ahrens 36o, 104, **Lindloff** 21, 56/57, 82 (3.v.o.),
Reck 14um, **Sonntag** 15ur, 25u, 33u, 58/59u, 63u, 68/9, 74/75o+u, 77r, Innere Umschlagseite vorne, Beilageblatt
Jörg Beckmann: 44ur · **Bongarts Presseagentur:** 22, 72/73, 78u, 82o, 98ol, 103r, 160
Bernard Cahier: 3u, 108ol, 108/9u, 109, 110/1u, 112/3(3), 114/5(2), 117, 118/9, 124/5(3) · **Debionne/Bunte:** 32u · **Jürgen Dilk:** 40o, 43, 44/45u · **dpa:** 122o
Lukas T. Gorys: Titel (3), 6, 7/8, 12/13, 14/15, 14ur, 15 ol, 15 or, 19 ur, 21u, 29u, 36/37, 36/37, 44 (ul), 45lm, 48/49, 50/51, 52(3), 53, 54/55, 56o, 57o, 58l, 58/59, 59ur, 60/61u, 61or, 64/65, 67(6), 70/71, 76/77(2), 78/79o+u, 80/81, 82(2.v.o.), 83, 84/85, 87o, 90/91, 93(3), 94/95o, 98or, 99, 102, 103l, 138m, 140o(2), 141, 142/3(4), 144/5(3), 146/7(3), 148/9(4), 156/7, 158/9
Ute Heinzerling: 24/25 · **Agentur Horstmüller:** 140 · **Foto Huby:** 134/5u, 139u · **ICN:** 63o
Burkhard Kasan: 26/27 (2) · **Ulrich Kettler:** 45rm
Willi Kluth: Innere Umschlagseite hinten · **Günther Molter:**108/9o, 118u, 120/1,123u, 127ur · **Adolf Neubert:** 38/39, 44or · **Gerhard Noack:** 40u, 44ol · **Oliver Reck** :4/5 · **Daniel Reinhard:** 18/19o · **RTL:** 29o, 60/61o · **Foto Schirnhofer:** 62 · **Süddeutscher Verlag:** 119o, 123o
Sutton Images: 10/11, 30/31, 32/33(o), 45or, 45u, 82u, 89or, 90ol, 96/97(3), 100, 101, 120u, 126/7o, 128/9(2), 130/1(3), 132, 133, 134/5(2), 136(2), 137, 138o, 138u, 139o
TechnoGym:20 (2) · **Ullstein:**106/7(2), 110o, 111o, 116(2), 119u · **Foto Wende:** 21o

Titelfotos: Lukas T. Gorys
Der Rücktitel zeigt links: Schumacher und Villeneuve beim GP Japan 1997 (Sutton), unten: Crash Jerez 1997 Schumacher und Villeneuve (ASA), rechts, oben: Ferrari 312B, Amon 1972 GP Mexiko (Molter), Michael und Corinna Schumacher in Vufflens (ASA), Mitte: Fangio GP Deutschland 56 (Cahier), darunter: Schumacher, Irvine, Frentzen, GP Frankreich 97(Sutton)